Christian Sander

WAS SOLL ICH TUN, WENN ER...?

Erfahrungen aus meiner Beratung:
Lösungen zu den häufigsten
Fragen meiner Leserinnen

Ein Praxishandbuch von Christian Sander

Bibliografische Information der Deutschen Nationalbibliothek

Die Deutsche Nationalbibliothek verzeichnet diese Publikation in der
Deutschen Nationalbibliografie; detaillierte bibliografische Daten sind im
Internet über dnb.d-nb.de abrufbar.

ISBN 978-3-03799-002-5   1. Auflage 2012

Herstellung: Books on Demand GmbH, Norderstedt

Verlag: Blue Point Trading GmbH, Hünenberg

Umschlaggestaltung, Satz und Layout: Ralf Fettkenheuer, Karlsruhe

Bilderquellen: Fotolia, Getty Images

Inhalt

Vorwort

Liebe Leserin,

zuerst einmal möchte ich mich bei Ihnen für den Erwerb dieses
Buches bedanken. Ich hoffe, dass es mir gelingt, Ihnen mithilfe
dieses Werks eine sinnvolle Ergänzung zum Buch „Wie gewinne
ich das Herz eines Mannes" zu bieten und noch mehr Klarheit in
Bezug auf das männliche Geschlecht zu verschaffen.

Es erreichen mich täglich unzählige Emails mit Fragen und ganz
speziellen Anliegen von Leserinnen. Beim Durchforsten und Beantworten all dieser Fragen stellte ich fest, dass viele dieser Fälle
so speziell gar nicht sind. Im Prinzip widerholen sich etliche der
Beschreibungen immer wieder. Teilweise gleichen sie sich auch bis
aufs Haar.

Um es Ihnen zu ermöglichen, an all den Antworten, die ich im Laufe meiner Tätigkeit als Beziehungscoach gegeben habe, teilzuhaben,
habe ich dieses Buch geschrieben. Es ist eine Zusammenfassung der
häufigsten Fragen von Frauen und deren Antworten darauf.

Die jeweiligen Fälle und deren Antworten sind allesamt in der
Praxis getestet worden. Viele der Frauen, die diese „zusätzlichen
Strategien" ausprobiert haben, bestätigten mir deren Erfolg immer
wieder.

Sie können also getrost davon ausgehen: Die einzelnen Schritte in
diesem Buch sind bereits allesamt am „Objekt Mann" erprobt worden - zum großen Teil mit durchschlagendem Erfolg.

Ich hoffe, dass auch Sie eine oder auch mehrere Antworten auf Ihre brennenden Fragen zum Thema „Männer und Beziehungen" bekommen und Ihr Liebesleben dadurch zu dem wird, was es eigentlich sein sollte:

Es sollte Ihr Leben bereichern und es leichter und beschwingter machen.

Und eben nicht *noch* komplizierter.

Viele Leserinnen fragen mich, warum ich das eigentlich tue. Was mich dazu antreibt, Frauen zu erklären, was in Männern vorgeht und wie man „ihr Herz gewinnen kann". Ich würde behaupten, dass die Liebe zwischen Menschen das Wichtigste ist, das es auf dieser Welt gibt. Ich sage das nicht, weil ich ein hoffnungsloser Romantiker bin, sondern weil ich davon überzeugt bin, dass die Liebe und all ihre Auswirkungen unser Leben stärker beeinflussen als alles andere.

Beziehungen und deren Gesetzmäßigkeiten haben mich einfach schon immer interessiert. Und zwar zwangsläufig. Besteht nicht das gesamte Leben aus genau diesem Thema? Unsere Existenz, also die Tatsache, überhaupt geboren worden zu sein, setzt doch schon eine Beziehung voraus. Die Beziehung unserer Eltern nämlich. Während unserer Kindheit prägt uns vor allem eins - die Art und Weise, wie unsere Eltern miteinander umgehen. *Wenn* Sie denn zusammen bleiben - heutzutage längst keine Selbstverständlichkeit mehr. Die prägenden Erlebnisse mit dem anderen Geschlecht in unserer Jugend, unsere erste große Liebe, das alles bestimmt unser Leben mehr als alles andere. Natürlich spiele ich gerne Fußball, interessiere mich für Autos, mache all die „männlichen Dinge". Aber keines dieser Dinge hat mein Leben so stark beeinflusst wie meine Liebesbeziehungen und die meiner Mitmenschen - allen voran meiner Eltern natürlich.

Leider ist die Liebe, von ihrer existenziellen Bedeutung einmal abgesehen, auch gleichzeitig das, was die meisten Probleme hervorruft, uns den größten Kummer und das größte Leid beschert - dann nämlich, wenn die Liebe nicht funktioniert und ihre Schattenseite zeigt: Gleichgültigkeit, Hass, Eifersucht, Streit, bis hin zu den hässlichen Kleinkriegen, die sich nach einer Trennung einstellen können.

In der Schule bekommen wir unseren Planeten bis ins kleinste Molekül und letzte physikalische Gesetz erklärt. Alles wichtige Dinge, teilweise auch durchaus interessant. Das Wichtigste aber verschweigt man uns. Wir müssen selbst herausfinden, wie die Gesetze der Liebe funktionieren. Wir müssen auf eigene Faust entdecken, wie man mit dem anderen Geschlecht umgeht. Und dabei tappen wir nur allzu oft in dieselben Fallen, werden immer wieder enttäuscht. Keine besonders wohltuende Methode, um etwas zu lernen.

Ich will mich gar nicht aufspielen als jemand, der Ihnen die tiefe Bedeutung der Liebe erklären kann. Das überlasse ich besser den Philosophen und Dichtern dieser Welt. Was ich aber kann, ist Ihnen die Liebe aus Sicht der Männer zu erklären. Praktisch und nicht theoretisch. Möglichst objektiv und ungeschönt. Auf dass Ihnen das ein oder andere Rätsel, das ein Mann in Ihnen hinterlässt, kein unnötiges Kopfzerbrechen mehr bereitet.

Und genau deshalb habe ich mich diesem Thema gewidmet: Um Ihnen eine Art „Abkürzung" zu zeigen. Wie man sich ein wenig

Kummer ersparen kann und der Weg in eine glückliche Beziehung vielleicht ein wenig kürzer wird. Schließlich ist unser Leben begrenzt - wir haben eben *nicht* alle Zeit der Welt, um diese Dinge selbst herauszufinden.

Nun hoffe ich, dass dieses Buch Ihnen den einen oder anderen Hinweis darauf geben kann, wo sich diese Abkürzungen befinden. Auf dass Sie Ihre wertvolle Zeit und Kraft nicht unnötig verschwenden und möglichst bald eine Beziehung führen, die Sie und auch Ihren Partner glücklich macht und erfüllt.

Viele liebe Grüße,

Ihr

Christian Sander

Ist das nicht alles Manipulation?

In Ihrem Buch „Wie gewinne ich das Herz eines Mannes?"
beschreiben Sie Strategien, wie Frau einen Mann für
sich gewinnen kann. Irgendwie komme ich mir dadurch
manipuliert vor. Frau soll sich komplett verbiegen,
nur um es den Männern recht zu machen.

Ihre „Regeln" mögen zwar funktionieren, aber wahre Liebe
kann es wohl kaum sein, was dabei herauskommt.

Was hat eine Partnerschaft für einen Wert,
wenn ich nicht so sein darf, wie ich bin?

Ganz zu Beginn möchte ich diese kritische, aber doch immer wieder geäußerte Frage beantworten. Grundsätzlich ist es absolut gut, wenn Menschen Menschen kritisch an Dinge herangehen und Geschriebenes oder Gesagtes nicht einfach herunterschlucken, nur weil es jemand behauptet. Jeder kritische Mensch, der die sogenannten Tatsachen hinterfragt, ist nur zu beglückwünschen!

Kommen wir zu der Kernaussage dieser Frage: *Manipulation*.

Manche Frauen glauben, Sie würden entweder sich selbst durch diese Verhaltensweisen manipulieren und „verbiegen" oder Sie würden die Männer manipulieren müssen, indem sie ihnen etwas „vorspielen". Beides entspricht nun mal nicht dem, was man als

Liebe - also als bedingungsloses und allumfassendes Gefühl der Hingabe - bezeichnen könnte. Liebe ist schließlich mehr als ein „so tun als ob". Richtig?

Dazu möchte ich Ihnen eine wirklich wichtige Sache ans Herz legen: Diebeschriebenen Techniken und Verhaltensweisen im Buch „Wie gewinne ich das Herz eines Mannes" scheinen auf den ersten Blick vielleicht nach Manipulation auszusehen, ABER:

Sie werden mir zustimmen, dass sich die Liebe, und noch viel mehr das anfängliche Gefühl der „Verliebtheit", unserem Verstand entzieht. Gerade am Anfang von Beziehungen ist es ein unerklärliches Gefühl der Anziehung, ein geradezu magisches Etwas, das die Menschen dazu bringt, sich Hals über Kopf in einen anderen, im Grunde noch fremden Menschen zu verlieben. Verliebt sein, ist - biologisch betrachtet - nichts anderes als mehr oder weniger hilflos den körpereigenen Substanzen (Hormone, Neurotransmitter, usw.) ausgeliefert zu sein. Diese sind es, die uns die Welt auf einmal mit der berühmten rosaroten Brille betrachten lassen.

Die alles entscheidende Frage ist nun:
Warum verlieben sich Menschen überhaupt?
Oder etwas präziser:
Warum verlieben sich *Männer*?

Ich will hier gar nicht detailliert auf psychologische Grundmechanismen von uns Männern eingehen, diese sind im Buch „Wie gewinne ich das Herz eines Mannes" schon recht ausführlich beschrieben.

Ich will Ihnen hier in aller Kürze eine ultimativ wichtige Sache verdeutlichen:

Menschen fühlen sich zu Menschen hingezogen, die ihren eigenen *Wert* verinnerlicht haben. Dabei geht es nicht um den überall angepriesenen „Marktwert", den ein Mensch hat und der sich aus dem sagenumwobenen Schönheitsideal, dem Alter und noch zwei bis drei anderen Merkmalen zusammensetzt.

Nur nebenbei: Vergessen Sie die Sache mit dem Marktwert ganz schnell wieder. Man möge mir verzeihen, aber dieses Wort ist das wohl dümmste, das unsere Gesellschaft in den letzten Jahrzehnten hervorgebracht hat. So, als würde man in einem Autohaus den „Restwert" eines gebrauchten Autos bestimmen lassen und sich dann damit abfinden, dass dieser Wert unter Umständen nicht gerade hoch ist – eventuell bekommt man im besten Fall noch die Abwrackprämie dafür …

Den Wert eines Menschen nur auf seine „auf dem Markt gefragten Eigenschaften" reduzieren? Ich halte das für unsinnig und gefährlich. Nicht umsonst sind so viele Menschen zutiefst unglücklich, weil sie eventuell nicht den Anforderungen des „Marktes" entsprechen. Übrigens nicht nur Frauen, sondern mindestens ebenso viele Männer.

Also lassen Sie sich um Himmelswillen niemals auf irgendeinen obskuren Marktwert reduzieren! Von niemandem. Schon gar nicht von sich selbst, von Ihrer inneren Stimme, die Ihnen vielleicht zuflüstert:

„Besonders viele (… beliebige, gerade „gefragte" Eigenschaft des Marktes bitte hier einsetzen) habe ich ja nun nicht gerade."
Und weil Sie Ihrer inneren Stimme Glauben schenken, laufen Sie herum wie ein Häufchen Elend, das sich mit gedrückter Stimmung fragt, wann er denn nun kommt, der Richtige …

Ich verrate Ihnen etwas: Mit dieser inneren Einstellung wird er nicht kommen, der Richtige!

Stattdessen sollten Sie sich darüber bewusst werden, welche positiven Eigenschaften Sie haben, die Sie zu einem ganz besonderen Menschen machen. Ich gehe jede Wette ein, dass Sie mindestens ein Dutzend solch positiver Eigenschaften besitzen!

Um den Hintergrund der beschriebenen Strategien im Buch „Wie gewinne ich das Herz eines Mannes" noch besser zu verstehen, sollten Sie sich über eine grundsätzliche Sache im Klaren sein:

Männer bringen den Geschehnissen in ihrem Leben die höchste Wertschätzung entgegen, für die Sie eine Leistung erbringen müssen. Für die Sie „arbeiten" müssen.
So mancher Mann arbeitet beispielsweise eine halbe Ewigkeit, um sich sein persönliches Traumauto leisten zu können. Für sein Auto oder auch andere Dinge, für die ein Mann eine *Leistung* erbringen musste, empfinden Männer eine hohe Wertschätzung. Hätte man ihm dieses Auto geschenkt, würde er ihm längst nicht eine solche Achtung entgegen bringen. Es mag Ihnen seltsam vorkommen, aber Männer achten die Dinge und Begebenheiten am meisten, für die Sie etwas *tun* mussten.

Daher sollten Sie stets darauf achten, sich einem Mann nicht zum kostenlosen Geschenk zu machen. Sie sollten ihm niemals das Gefühl geben, als sei es selbstverständlich, eine Beziehung mit Ihnen zu führen.

Das ist es, was hinter all den Strategien steckt - dass Sie Ihren Wert als Frau erkennen und einem Mann damit zu verstehen geben, dass

Sie sich Ihres Wertes bewusst sind. Dass er etwas dafür tun muss, um eine Beziehung mit Ihnen zu führen.

Eine Frau, die Ihren eigenen Wert verinnerlicht hat, lässt sich eben *nicht* auf vorschnelle Dinge mit einem Mann ein, den sie kaum kennt. Sie lässt den Mann - völlig egal, wie unwiderstehlich er auch sein mag - kämpfen. Sie lässt ihn eine gewisse Anstrengung unternehmen, um Sie erobern zu können. Sie tut das, *weil sie ihr Herz nicht an jemanden verschenkt, der nicht das Mindestmaß an Geduld aufbringen kann.*

Dabei geht es nicht um eine arrogante Abwehrstellung dem männlichen Geschlecht gegenüber, sondern darum, zu verinnerlichen, dass Sie ein ganz besonderes Geschöpf sind. Eine Frau, die es mit all Ihren charmanten Seiten und Eigenarten nur ein *einziges* Mal auf dieser Welt gibt!

Und dieses einzigartige Wesen wirft sich nun mal niemandem an den Hals, sie rennt niemandem hinterher, sie macht sich von niemandem abhängig.
Nein, sie lässt sich, den Jahrtausend alten biologischen Regeln gemäss, von einem Mann lange genug umgarnen, bevor sie sich auf ihn einlässt.

Aber:
Sie zeigt ein grundsätzliches Interesse an ihm, eine Neugier, ihn kennenzulernen. Und zwar nicht, weil sie sich so einsam und verzweifelt fühlt, sondern weil sie generell ein neugieriges Wesen ist, das Interesse hat, an dem, was ein Mann zu erzählen hat (und dadurch auch erkennt, was sich hinter seiner Fassade verbirgt).

Der Clou dabei ist:

Wir Männer fühlen uns genau zu diesem weiblichen Verhalten hingezogen!

Ein Mann braucht - vor allem am Anfang - das Gefühl, dass sein Interesse bis zu einem gewissen Grad erwidert wird, aber ein grundsätzliches Zögern vorliegt, eine Skepsis der Frau – das lässt ihn geradezu verrückt werden nach ihr.

Das Wichtigste bei all den Strategien und Verhaltensweisen, die ich im Buch „Wie gewinne ich das Herz eines Mannes" beschreibe, ist Ihre *innere Einstellung* zu sich selbst. Nur, wie ändert man seine innere Einstellung, vor allem dann, wenn man diese womöglich schon Jahrzehnte mit sich herumschleppt?

Die moderne Psychologie hat herausgefunden, dass eine Änderung der *inneren* Einstellung am schnellsten zu erreichen ist, wenn wir unser *äußeres* Verhalten ändern. Im Klartext heißt das: Ändern Sie Ihr *Verhalten* Männern gegenüber, und Ihre innere Einstellung wird Ihnen folgen. Tun Sie so, als seien Sie diese Frau schon längst, die Sie sein möchten! *Verhalten* Sie sich wie eine Frau, die es nicht nötig hat, von einem Mann abhängig zu sein!

Tun Sie so, als wären Sie die Traumfrau, nach der sich alle Männer umdrehen. Und zwar ab *jetzt*!

Unser Unterbewusstsein ist leider recht faul und träge. Die unbewussten Gedanken über uns selbst liegen womöglich schon seit Jahrzehnten im hintersten Kämmerlein unseres Gehirns und modern vor sich hin.

Wenn uns in unserer Kindheit z.B. gesagt wurde: „Du bist dumm, aus dir wird niemals etwas werden", dann kann uns das unser gesamtes Leben verfolgen. Erst wenn wir etwas *tun*, um die Aussagen unserer Eltern oder Lehrer zu entkräften - erst dann können langsam diese Glaubenssätze aus unserem Unterbewusstsein verschwinden. Erst wenn wir etwas unternehmen, verschwindet der tief verwurzelte Glaube „wir wären zu dumm" aus unserem Unbewussten.

Wir müssen etwas *tun* – vorher wird sich nicht viel ändern. Auch wenn uns derzeit viele Selbsthilfe-Bücher versprechen, dass wir mit unseren Gedanken alles Mögliche „herbeidenken" könnten. Auch wenn daran im Kern einiges wahr sein mag - wenn wir nichts *tun*, wird sich auch nichts Wesentliches in unserem Leben verändern.

Sonst hätten sich schon etliche Menschen ihre Millionen „herbeigedacht" und es gäbe zumindest finanziell keine Sorgen mehr auf diesem Planeten, oder?

Übrigens: Sollten Sie gerade - dank Selbsthilfebuch - Ihre persönlichen Millionen herbeidenken, könnten Sie mich vielleicht in Ihre Gedanken mit einbeziehen? Ich teile Ihnen meine Kontonummer auf Nachfrage gerne mit.

Spaß beiseite, was ich Ihnen damit deutlich machen will: Es ist unendlich wichtig, dass Sie diese Strategien einfach ausprobieren – auch wenn Sie Ihnen vielleicht seltsam vorkommen mögen.
Tun Sie es und Ihre innere Einstellung wird Ihnen folgen – ganz automatisch!

Kleine Übung zum TUN:

Wie Sie Ihre Ausstrahlung verbessern

Beginnen Sie den morgigen Tag, indem Sie den ersten Menschen, dem Sie begegnen, anlächeln. In der U-Bahn, auf dem Weg zur Arbeit, während des Wartens an einer Ampel. Picken Sie sich einen wildfremden Menschen aus der Menge, schauen Sie ihm direkt in die Augen und *lächeln* Sie ihn an! Es mag Ihnen befremdlich vorkommen, aber ich gehe jede Wette ein, dass der fremde Mensch Sie *auch* anlächeln wird. Lächeln wirkt nun mal ansteckend – genauso wie schlechte Laune und eine deprimierte Atmosphäre. Es ist einfach schön, angelächelt zu werden. Und das erreichen Sie, indem Sie den Leuten Ihr charmantes und freundliches Lächeln schenken – völlig kostenlos!

Sie werden durch diese kleine, aber sehr effektive Übung spüren, dass Sie es schon längst haben und zwar im Überfluss:

Ausstrahlung.

Sie strahlen etwas aus, das in anderen Menschen Freude bewirkt. Und sei es nur für den kurzen Moment Ihres Lächelns. Wie mächtig Sie doch im Grunde sind … Durch eine kleine Geste können Sie so dem Tag eine ganz neue Farbe verleihen! Und zwar nicht nur desjenigen, den Sie angelächelt haben, sondern vor allem sich selbst.

Und dadurch werden Sie sich ein klein wenig bewusster darüber, wie wertvoll und schön Sie sind:

Sie, die Sie lächelnd fremde Menschen bezaubern. Einfach so…

Männer lieben es, wenn eine Frau es schafft, ihre Umgebung zu bezaubern. Und dieses zauberhafte Wesen sind Sie schon längst – Sie müssen es einfach nur *tun*!

Und was hat das mit Ihrem „Marktwert" zu tun?

Richtig - rein gar nichts.

> *Je länger man lebt, desto deutlicher sieht man, dass die einfachen Dinge die wahrhaft Großen sind.*
>
> - Romano Guardini -

Woran merke ich, dass er Interesse hat?

Wie kann ich feststellen, dass er Interesse an mir hat?

Nehmen wir an, ich begegne einem Mann, der mir sehr gefällt. Ich bin aber verunsichert, weil ich nicht weiß, was er von mir hält. Woran kann ich erkennen, dass er sich für mich interessiert?

In meinem Buch „Wie gewinne ich das Herz eines Mannes" habe ich detailliert beschrieben, was Sie tun können, um das Interesse und die Neugier eines Mannes auf sich zu ziehen.

Woran können Sie aber sehen, dass er sich tatsächlich für Sie interessiert?

Glücklicherweise senden Männer sehr eindeutige Signale aus, wenn sie sich zu einer Frau hingezogen fühlen. Allerdings scheinen diese eigentlich offensichtlichen Anzeichen bei Frauen manchmal nur noch mehr Verwirrung zu stiften.

Deshalb hier eine Hilfestellung zum Entziffern jener eindeutigen Signale, die übersetzt bedeuten: „Ich finde Dich hinreißend!"

- **Die Drei-Blicke-Regel**
  Männer sind visuelle Wesen. An unseren Blicken können Sie mehr erkennen, als an allem, was wir sagen oder tun.

Nehmen wir an, Sie befinden sich in einem Café und Sie sehen einen Mann, der Ihnen gefällt. Achten Sie darauf, wie häufig er zu Ihnen schaut. Sein erster Blick dient der groben Einschätzung. Mit dem zweiten Blick will er sich noch einmal versichern. Blickt er Sie öfter als zwei Mal an, wissen Sie, er hat Interesse an Ihnen. Nach dem dritten Blick sollten Sie mit einem Lächeln reagieren - mehr braucht es nicht, um ihm zu signalisieren: „Komm her und sprich mich an!"

- **Körpersprache**
  Wenn er sich in einem Gespräch Ihnen gegenüber offen zuwendet, also sein Oberkörper und seine Beine zeigen in Ihre Richtung, dann hat er Interesse an Ihnen.

  Neigt er beim Zuhören seinen Kopf leicht zur Seite und ist sein Mund leicht geöffnet? Dann hört er Ihnen konzentriert zu. Männer, die einer Frau aufmerksam zuhören, sind zum einen eine Seltenheit und zum anderen sind sie völlig auf Sie fixiert.

  Achten Sie besonders auf „Putzhandlungen", wie das Zurechtrücken seines Pullovers, Streichen durchs Haar und vor allem Streicheln seines Bartes - auch wenn er keinen trägt. Unbewusst versuchen Männer damit, sich so von imaginärem Schmutz zu befreien, um attraktiver für Sie zu sein. Das Verschränken der Arme hinterm Kopf ist eine sogenannte „Dominanzgeste". Er möchte damit Eindruck auf Sie machen. Grundsätzlich wird er versuchen, sich ein wenig „aufzuplustern". Er spannt seine Muskeln und streckt sich.

  Wenn er hingegen schlaff vor Ihnen sitzt, seine Beine und

seinen Oberkörper von Ihnen abwendet, und quasi „über die Schulter" mit Ihnen redet, sollten Sie ihn direkt vergessen.

- **Berührungen**
  Er wird indirekt versuchen, Sie zu berühren - etwa indem er die Lehne des Stuhls umfasst, auf dem Sie sitzen. Er versucht damit herauszufinden, ob Sie dabei auf Distanz gehen oder es zulassen. Selbstberührungen wie sich an der Schläfe kratzen, sich mit der Zunge über die Lippen fahren oder auch mit einem Gegenstand wie einem Bierdeckel spielen sind sogenannte autoerotische Handlungen und deuten an, dass er sich zu Ihnen hingezogen fühlt.

Vor allem sollten Sie auf seinen Blick achten - schaut er Sie offen und direkt an? Und zwar länger als gewöhnlich? Oder schaut er Ihnen nur flüchtig in die Augen oder schaut er geringschätzig von oben herab - dann signalisiert er klares Desinteresse.

Wenn er von Ihnen fasziniert ist, wird er sie quasi nonstop ansehen. Er *kann gar nicht anders,* als Sie mit seinen Blicken regelrecht zu verschlingen. Allerdings wird er immer wieder verstohlen wegschauen - er will schließlich nicht den Eindruck eines starrenden Psychopathen erwecken.
Im Großen und Ganzen werden Sie das Gefühl haben, Sie hätten es mit einem ziemlich nervösen Menschen zu tun, der seinen Blick nicht mehr von Ihnen lassen kann und dabei krampfhaft so tut, als sei er die Selbstsicherheit in Person. Vielleicht kommt Ihnen dieses Schauspiel etwas seltsam vor, vielleicht missverstehen Sie seine Nervosität und denken, er hätte etwas gegen Sie.
Männer, die ein echtes Interesse an einer Frau haben, verhalten sich nun mal ein wenig merkwürdig. Während Männer, die nur das

schnelle Abenteuer suchen, womöglich genau die maskuline Kraft und Ruhe ausstrahlen, die Sie schwach und willenlos machen.

Mein Tipp: Halten Sie sich eher an den etwas nervösen Typ Mann. Wenn Sie ihm Ihr bezauberndes Lächeln schenken, wird er langsam etwas ruhiger und gelassener und zeigt seine wahre Natur. Geben Sie ihm eine Chance! Er kann sich auf Dauer als die bessere Wahl herausstellen.

Ein ernsthaft Verliebter ist in Gegenwart seiner Geliebten verlegen, ungeschickt und wenig einnehmend.

- Immanuel Kant -

Wie lange sollte man mit Sex warten?

Sie beschreiben in Ihrem Buch sehr genau, warum man sich als Frau nicht zu schnell körperlich mit einem Mann einlassen sollte.
Vielen Dank dafür - erst jetzt verstehe ich wirklich, was sich diesbezüglich in den Männerköpfen abspielt!
Eine Frage hätte ich dazu:

Wie lange sollte man warten, bis man sich einem Mann körperlich hingibt?

Gibt es dafür eine bestimmte Zeit?

Nun, es ist - wie bei allen Dingen - schwer, hier eine pauschale Aussage zu machen. Allerdings gibt es einen Grundsatz, nach dem Sie sich richten sollten:

Warten Sie immer so lange, bis Sie merken, dass er ERNSTHAFTE Absichten hat (woran Sie das erkennen, dazu später mehr).

Um Ihnen klar zu machen, worauf ich hinaus will, erzähle ich Ihnen folgende kurze Geschichte: Eine Leserin, Ende zwanzig, schrieb mir, ihr Freund hätte mit ihr aus folgendem Grund Schluss gemacht:

„Er sagt, ich hätte ihn zu lange auf Sex warten lassen und *deshalb* sucht er sich jetzt eine andere"

Ironie des Schicksals, nicht …?

Nun, es ist nicht immer einfach, Menschen mit der Wahrheit zu konfrontieren, aber dieser Mann hätte die Beziehung früher oder später sowieso beendet.

Und wissen Sie auch, warum? Weil Sie einen Mann nur mit Sex nicht emotional an sich binden können.

Sex ist nur der *körperliche Ausdruck* von Liebe, nicht die Liebe *selbst*.

 Männer (natürlich auch manche Frauen, aber es sind die wenigsten) können Sex von Liebe trennen. Um Sex mit einer Frau zu haben, täuschen einige Männer ihr Emotionen vor - denn Sie wissen, dass für die allermeisten Frauen Emotionen eine Voraussetzung für Sex sind. Sie *tun* so, als *wären* Sie emotional an ihr interessiert, nur um Sex mit ihr haben zu können.

Wenn seine Taktik allerdings nicht aufgeht - sprich, er kann sein rein körperliches Ziel nicht erreichen, passiert Folgendes:

Entweder er gibt auf und verlässt die Frau - und schiebt ihr zu guter Letzt auch noch die Schuld in die Schuhe:
„Du lässt mich zu lange warten, *deswegen* muss ich mir eine andere suchen".

Oder, und das ist das Entscheidende:

Er wartet. Er hat Geduld, denn er sieht in der Frau mehr als nur eine Gelegenheit, sich körperlich zu vergnügen.

Ich will mich nicht als Moralapostel aufspielen, ich will mich auch nicht anhören wie Ihre Großmutter: „Kind, Du solltest niemals zu schnell intime Dinge mit einem Mann tun, das ist alles schmutzig und vom Teufel …!"

Aber - die beste und effektivste Methode, herauszufinden, ob es ein Mann ernst mit Ihnen meint, ist ihn in intimen Angelegenheiten *warten zu lassen*. Ein Mann, der *nicht* nur auf eine schnelle Nummer mit Ihnen aus ist, wird Sie dafür schätzen. Denn er merkt, dass Sie nicht zu den Frauen gehören, die sich einem Mann körperlich schon nach zwei Verabredungen hingeben.
Und das befördert Sie - ganz automatisch - in den Status einer potentiellen Beziehungskandidatin.

Wenn Sie an einer ernsthaften Beziehung interessiert sind, dann lernen Sie den Mann zuerst einmal *kennen*, geben Sie sich und ihm die Zeit dafür, zu *erfahren, wer der andere ist.*

Statt mit ihm zu schlafen, sollten Sie in der Zeit der „Enthaltsamkeit" seine Phantasie anfachen: *Reden* Sie über Sex. Aber eher indirekt. Sprechen Sie zum Beispiel den Altersunterschied zwischen Madonna und ihrem viel jüngeren Freund an: „Also Spaß im Bett haben die beiden mit Sicherheit …"

Später dann sollten Sie auch ein wenig direkter werden und die eine oder andere verspielte Andeutung machen. Aber eher beiläufig und völlig unschuldig - als wüssten Sie bestens darüber Bescheid, Sie machen nur kein allzu großes Thema daraus.

Sie denken sich:

Sex und Geld - darüber spricht man nicht ausführlich.
Das eine hat man, das andere macht man.

Mit diesen kleinen, beiläufigen Anspielungen heizen Sie seine Neugier und seine Begierde an. Sie geben ihm damit zu verstehen, dass er schon bald in den Genuss kommen wird - wenn er noch ein wenig wartet. In seinem Kopf braut sich dadurch ein wilder chemischer Cocktail zusammen, der vor allem eins bewirkt: Er wird nach und nach geradezu süchtig nach Ihnen …

Sie werden jetzt denken:

Schön, aber wie lange denn nun …?

Gut, wenn Sie schon eine Zahl brauchen: Mindestens drei Wochen. Besser wären sechs oder acht Wochen.

Lassen Sie es mich so ausdrücken:

Frauen sehnen sich nach Romantik - Männer sehnen sich nach Sex.

So wie Sie in romantischen Vorstellungen über die Zukunft mit Ihrer neuen Bekanntschaft schwelgen, so phantasiert er über heiße und ausschweifende Nächte mit Ihnen. Heizen Sie seine *Vorstellung* an - aber erfüllen Sie sie ihm nicht sofort - schließlich macht er Ihnen auch nicht nach dem zweiten Date einen Heiratsantrag. Und wenn doch, dann käme Ihnen das eigenartig vor. Sie würden sich geschmeichelt fühlen, aber vermutlich würden Sie die Flucht vor solch einem sonderbaren Burschen ergreifen.

Und genauso geht es den meisten Männern, wenn Sie sich Ihnen körperlich zu schnell hingeben …

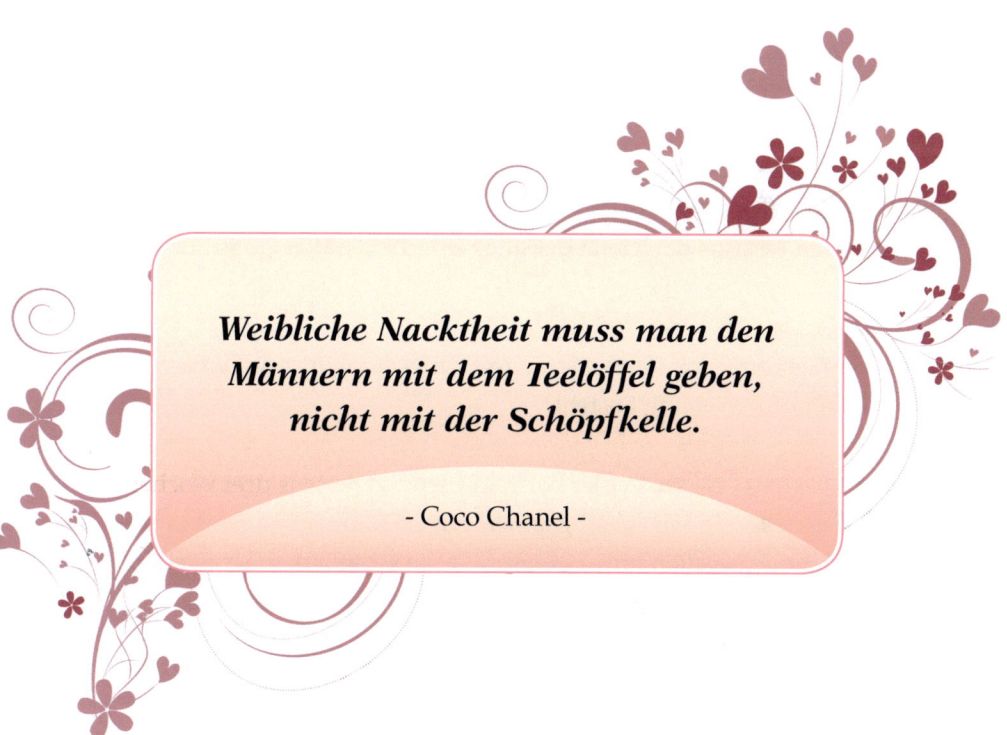

Weibliche Nacktheit muss man den Männern mit dem Teelöffel geben, nicht mit der Schöpfkelle.

- Coco Chanel -

Woran erkenne ich den richtigen Mann?

Was mich wirklich brennend interessieren würde:

Wie finde ich überhaupt den Richtigen bzw. wie erkenne ich, ob ein Mann der Richtige für mich ist?
Haben Sie Tipps oder Ratschläge dafür, den Richtigen zu „identifizieren"?

Wenden wir uns doch jetzt der alles entscheidenden Frage zu:

Wer ist eigentlich der Richtige?
Woran erkenne ich einen Mann, mit dem die Chance auf eine glückliche Beziehung besteht?

Ich sehe den größten Fehler bei beginnenden Beziehungen darin, dass man sich in der Anfangsphase nur allzu oft selbst über offensichtliche Anzeichen hinwegtäuscht. Man verfällt dem Irrglauben, der Partner würde sich schon eines Tages ändern und sich dann - quasi von Zauberhand - in den Richtigen verwandeln.

Dass er sich gar nicht verändern *kann* - Menschen verändern sich nicht, nur weil andere Menschen das von ihnen erwarten - das blendet man meist völlig aus.

Eines Tages wacht man dann enttäuscht aus dem Traum auf. Er war doch nicht der Richtige.

Enttäuscht werden - das kommt von „Ent-täuschen", also von seiner eigenen Täuschung befreit zu werden. Eigentlich etwas absolut Gutes - erkennt man doch endlich die Wahrheit. Unglücklicherweise sind Enttäuschungen nicht unbedingt immer eine Quelle der Freude.

Immer wenn ich die Gelegenheit habe, eine glückliche Frau zu treffen, die schon seit langer Zeit mit ihrem Partner zusammen ist und kein Unwetter den Sonnenschein ihrer Liebe trüben kann, stelle ich ihr die berühmte Frage:

Was hat dich am Anfang so sicher gemacht? Hast du gemerkt, dass es mit euch funktionieren wird?
Und vor allem: *Wie* und *woran* hast du es gemerkt?

Die Antwort der Frauen, die ohne Zweifel ihren passenden Deckel gefunden haben, ist erstaunlicherweise immer dieselbe:

„Ich habe es einfach gespürt. Es war ein Gefühl, als wäre ich zu Hause angekommen. Es war nicht anstrengend, es war auch kein „Kampf" wie in meinen vorigen Beziehungen. Es war eher ein beruhigendes, besänftigendes Gefühl.
Meine innere Stimme hat mir einfach gesagt: Das ist er!"

Tja, die innere Stimme …
Ich würde behaupten, sie ist im Prinzip das Einzige, auf das wir uns verlassen können, ja verlassen *müssen*. Leider haben in der heutigen Zeit viele Menschen verlernt, auf ihre innere Stimme zu hören.

Was ist aber diese ominöse innere Stimme und wie kann man sie sich zunutze machen?

Ich habe mich lange mit dieser Thematik auseinandergesetzt und habe vor allem selbst immer wieder versucht, mich auf meine innere Stimme zu besinnen und ihr im Lärm des Alltags zu lauschen.

Haben Sie einmal die Erfahrung gemacht, über einen Menschen wie unter Zwang angestrengt *nachdenken zu müssen*? Kennen Sie es, wenn man tagelang über einen anderen Menschen oder ein Erlebnis grübeln muss, ohne aber zu einem sinnvollen Ergebnis dabei zu kommen? Die Gedanken drehen sich im Kreis, man denkt und denkt und fühlt sich dabei müde und ausgelaugt?

Sobald Sie anfangen, übermäßig über einen Menschen nachzudenken, wenn Sie sich fragen, ob es nun richtig oder falsch war, ihn anzurufen, ihm dies oder jenes zu sagen, wenn Sie womöglich sogar ein diffuses Gefühl von Angst bekommen - dann ist das weniger ein Zeichen dafür, dass Sie gerade verrückt werden. Im Gegenteil - es ist ein sehr sicherer Hinweis darauf, dass Ihre innere Stimme sie vor etwas warnen möchte.

Ich konnte schon unzähligen Frauen dabei helfen, die falschen Männer auszusortieren, und zwar möglichst *bevor* sie vor dem Scherbenhaufen ihrer „ent-täuschten" Erwartungen standen. Aus all den Liebesgeschichten, die ich bis ins Detail beleuchten konnte, kann man folgenden Schluss ziehen:

Der zuverlässigste Hinweis darauf, dass sich eine Frau mit dem falschen Mann eingelassen hatte, war die Tatsache, dass sie einen

Großteil ihrer Zeit und Energie dafür aufbringen musste, über ihn *nachzugrübeln.*

„Wie hat er denn das gemeint?
Hoffentlich hat er mich richtig verstanden!
Ich hoffe nur, dass er jetzt nicht denkt, dass ich denke, dass er denkt …"

Am Anfang gehören solche Gedanken natürlich bis zu einem gewissen Grad dazu. Die Verliebtheit sorgt immer auch dafür, dass wir gewissermaßen „geisteskrank" werden. Wenn sich dieses Gedankenkarussell allerdings paart mit einem unwohlen und beängstigenden Gefühl und wenn dieser Zustand über Monate anhält, dann sind solche verworrenen Gedanken-Orgien vor allem eins:

Ihre innere Stimme sagt Ihnen, oder vielmehr sie *schreit zu Ihnen:* Hier stimmt etwas nicht, ich sollte definitiv Abstand nehmen. Das ist *ungesund* für mich.

Wenn Sie über Ihre neue Bekanntschaft angestrengt und wie unter Zwang nachdenken müssen, wenn Sie über ihn oder ein Erlebnis mit ihm Tag und Nacht grübeln müssen, dann teilt Ihnen Ihre innere Stimme unzweifelhaft mit:
Bloß weg hier, das ist nichts für Dich!

Achten Sie auf Ihr Körpergefühl, auf das, was sich in Ihrem Bauch abspielt:

Empfinden Sie Stress oder Anspannung, während Sie an Ihren Partner denken?
Haben Sie das nagende Gefühl der Unsicherheit, sind Sie nervös und unausgeglichen beim Gedanken an ihn?

Sind Sie angespannter an den Tagen, an denen Sie sich mit ihm treffen, als an Tagen, die Sie für sich alleine haben?
Fühlen Sie sich klein, minderwertig oder ängstlich in seinem Beisein?

Genau das ist Ihre innere Stimme, die viel mehr über ihn und vor allem über Sie selbst weiß, als ihr Verstand es jemals könnte.

Oder empfinden Sie Ruhe und Gelassenheit, ein Gefühl der Entspannung, wenn Ihre Gedanken zu Ihrem Partner wandern? Und zwar vor allem dann, wenn er in Ihrer Nähe ist? Wenn ja, dann kann man Sie nur beglückwünschen - Sie haben jemanden gefunden, mit dem Sie glücklich werden können.

Eine gesunde Liebe sorgt dafür, dass Sie dadurch *mehr* Selbstvertrauen gewinnen, und nicht *weniger*. Sie sollten sich durch eine Beziehung zu einem Mann *stärker* fühlen, und nicht *schwächer*.

Ich kann Ihnen nur wärmstens empfehlen: Achten Sie auf Ihre innere Stimme, achten Sie darauf, was sich in Ihrem Bauch abspielt, während Sie an ihn denken. Ihre innere Stimme weiß viel mehr, als Sie glauben. Lernen Sie, Ihrer inneren Stimme zuzuhören. Lernen Sie, Ihrem Bauchgefühl zu vertrauen. Ich garantiere Ihnen: Ihr Leben wird sich dadurch drastisch verbessern, ich spreche da aus eigener Erfahrung. Sie beginnen dadurch nämlich, *sich selbst zu vertrauen.*

Mit diesem Vertrauen gewinnen Sie etwas Unbezahlbares: Sie machen sich frei von der Meinung anderer. Andere Menschen, so gut sie es auch mit Ihnen meinen mögen, haben meist keine Ahnung, was *wirklich* gut für Sie ist. Das wissen nur *Sie selbst* - Ihre innere Stimme sagt es Ihnen laut und deutlich.

Darüber hinaus gibt es eine entscheidende Sache, auf die die allermeisten Menschen bei der Partnerwahl nicht achten:

Sie sollten sich bewusst darüber werden, was Sie selbst wollen.

Die Grundlage einer erfüllenden Beziehung ist, dass beide Beteiligten wissen, was sie voneinander wollen. Wie oft haben mich Frauen (aber auch Männer) schon gefragt: „Kannst du mir helfen, meinen Traumpartner zu finden?" Wenn ich dann erwidere: „Gut, wie soll er denn sein, dein Traumpartner?" bekomme ich - nach einigen oberflächlichen Beschreibungen - meist die Standardantwort:

„Er muss mich so lieben, wie ich bin"

„Schön, aber meinst du nicht, es ist genauso wichtig, dass *du* ihn so lieben kannst, wie *er* ist?
Wie willst du von einem Menschen etwas bekommen, das du ihm nicht geben kannst?"

Dann bricht meist das große Schweigen aus.

Was ich Ihnen damit sagen will: Liebe ist immer auch etwas Aktives. Sie besteht aus Geben und Nehmen. Wenn Sie in einer Beziehung nur nehmen, ist das ebenso unbefriedigend, wie wenn Sie nur geben. Um den Richtigen identifizieren zu können, sollten Sie sich schon in der Anfangszeit die entscheidenden Fragen stellen:

- Könnte ich mit diesem Menschen auch noch in zwanzig Jahren zusammen sein - vor allem dann, wenn er sich *nicht* verändern würde?

- Habe ich Respekt vor diesem Menschen?
  Und zwar die Art von Respekt, dass ich mir vorstellen kann:
  „So wie er sollen meine Kinder einmal sein?"

- Hat er diesen Respekt auch vor mir? Sieht er mich als gleich-
  wertige Person oder behandelt er mich von „oben herab",
  will er mich kontrollieren oder sogar „erziehen"?

Wenn Sie eine dieser Fragen mit einem klaren Nein beantworten,
dann müssen Sie sich ernsthaft fragen, ob Sie nicht besser das Weite
suchen.

Viele Menschen beginnen Beziehungen mit einer ungeheuren Eu-
phorie. Wenn man dann aber ein wenig nachhakt, bekommt man
oft zu hören: „Er ist wirklich ein toller Typ, wenn er nicht diese oder
jene Eigenschaft hätte. Aber macht nichts, das wird sich bestimmt
eines Tages ändern, Beziehung heißt ja auch immer, Kompromisse
einzugehen." Und so verläuft meist ihr gesamtes Leben:
Job, Freunde, Freizeitgestaltung. Da reiht sich ein „Kompromiss" an
den anderen. Und dann wundern Sie sich, dass sich ihr Leben so
unbefriedigend anfühlt …

Sie sollten sich eine neue Bekanntschaft - und alles andere im Leben
- möglichst genau anschauen und sich dabei fragen, ob es *wirklich
das ist, was Sie wollen.*

Wollen Sie diesen Mann tatsächlich? Können Sie sich vorstellen,
ihm auch noch in zwanzig Jahren am Frühstückstisch gegenüber-
zusitzen? Oder stört Sie bereits jetzt schon die ein oder andere Eigenschaft an ihm, Sie glauben aber, dass er sich „schon noch ändern" wird, wenn Sie erst einmal länger zusammen sind?

Der Richtige ist nicht der, der Ihnen möglichst viel geben kann. Der Richtige ist der, den Sie *wirklich wollen*. Und zwar mit all seinen Eigenschaften. Sie müssen ihn so lieben *wollen*, wie er ist - nur so kann *er Sie lieben, wie Sie sind*.

Der Schlüssel zum Glück liegt nicht darin, dass wir möglichst viel von einem Partner bekommen, sondern darin, dass wir jemandem etwas geben können. Denn dieser jemand wird uns zwangsläufig etwas dafür zurückgeben.

Ein Tipp, um herauszufinden, ob er der Richtige ist:

Eine Bekannte von mir, auch eine Beziehungsberaterin, veranstaltet in mehreren Großstädten sogenannte „Speed-Dating"-Partys. Dabei treffen an einem Abend bis zu hundert verschiedene Singles aufeinander, sitzen sich an Zweiertischen gegenüber und haben jeweils fünf Minuten Zeit, um ihr jeweiliges Gegenüber kennenzulernen. Innerhalb dieser Zeit entscheidet man, ob man den anderen wiedersehen will, oder nicht. So lernt man an einem Abend bis zu zwanzig potentielle Partner kennen.

Natürlich berät meine Bekannte ihre Kunden und gibt ihnen Tipps, welche Fragen man stellen sollte, um in diesen erbärmlich kurzen fünf Minuten das Entscheidende über sein Gegenüber zu erfahren: „Taugt er etwas, oder nicht?"

Sie hat eine Art Anleitung entwickelt, an der man sich bei der Partnersuche orientieren kann. Wichtig ist, dass man sich diese Anleitung selbst erstellen sollte, und zwar **bevor** man sich auf die Männerwelt stürzt. Hier ist also ihre Anleitung, die schon so mancher Frau ihren Traummann beschert hat:

1. Finden Sie heraus, *wer Sie selbst sind.*
    Was macht Sie einzigartig? Welches sind Ihre Leidenschaf-
    ten? Was ist Ihnen wirklich wichtig im Leben? Was sind Ihre
    Schwächen? Was können Sie einem anderen Menschen geben?
    Es ist wichtig zu wissen, wer man selbst ist. Nur so kann man
    feststellen, wer zu einem passt!

2. Was erwarten Sie von einem Partner?
    Es gibt vieles, das Ihnen Ihr Freundeskreis, Ihre Familie, Ihr
    Beruf geben kann. Was sollte Ihr Partner Ihnen geben? Was
    wollen Sie mit ihm erleben? Finden Sie Ihre wichtigsten Be-
    dürfnisse und Wünsche heraus und schreiben Sie sie auf. So-
    lange Sie nicht wissen, was Sie wirklich brauchen, kann eine
    Beziehung nicht funktionieren. Sie werden einem Mann sonst
    Ihre Bedürfnisse nicht mitteilen können, sondern sich perma-
    nent unverstanden fühlen.

3. Sie können anhand *Ihrer* eigenen Vorlieben und Bedürfnisse
    schnell erkennen, ob ein Mann zu Ihnen passt und ob es Sinn
    macht, sich weiter mit ihm zu beschäftigen: Sie sprechen ihn
    indirekt auf Ihre eigenen Vorlieben an - ungezwungen und
    fröhlich.

    Beispiel: Sie reisen für Ihr Leben gerne, haben schon die un-
    terschiedlichsten Länder und Kulturen kennengelernt. Reisen
    ist etwas, das *für Sie* wichtig ist.

    Ihre Frage würde also lauten: „Was war eigentlich die schöns-
    te Reise, die Du in letzter Zeit unternommen hast?" Wenn er
    dann sagt, „Ach, außer zum Oktoberfest bin ich in den letzten
    fünf Jahren nicht aus der Stadt herausgekommen", dann wis-

sen Sie: Entweder er ist arbeitssüchtig, hat kein Geld oder in seinem Leben haben Reisen einfach keinen großen Stellenwert. So oder so - er wird Ihnen nicht das geben können, was *Sie* brauchen. Denn *für Sie* gehören Reisen zu einem erfüllenden Leben dazu! Insofern können Sie ihn getrost abhaken - auch wenn er noch so charmant oder gutaussehend sein mag. Und das haben Sie innerhalb von zwei Minuten herausgefunden.

Ein ebenso gutes Thema, um rasend schnell etwas über den anderen herauszufinden, sind Bücher: „Welches Buch hat Dich zuletzt begeistert?" Die Lesegewohnheiten eines Menschen verraten Ihnen mehr über ihn, als so manches stundenlange Gespräch.

Es ist viel wichtiger, sich einen Partner nach dem Kriterium „Passt dieser Mensch zu mir?" auszusuchen, als sich ständig zu fragen, ob man *ihm gefällt*.
Was nutzt es Ihnen, einem Mann zu gefallen, wenn er Ihnen nicht das geben kann, was Sie brauchen?
Sie sollten sich Ihre eigenen Bedürfnisse so klar wie irgend möglich bewusst machen, und sich dann die Frage stellen:
„Kann dieser Mensch mir das geben, was ich brauche? Kann ich mit ihm zusammen meine Wünsche und Träume verwirklichen?

Allerdings muss ich erwähnen, dass viele Menschen nach einem Partner suchen, der Ihre eigenen Schwächen und Lücken füllen kann. Wenn Sie z.B. nach einem athletischen, sportlichen Mann Ausschau halten, selbst aber Ihre Abende bei Chips und Cola auf der Couch verbringen, dann suchen Sie in Wahrheit nicht nach einem Partner, sondern nach jemandem, der Ihre Schwächen beseitigt. Ebenso, wenn Sie nach einem finanziell unabhängigen Mann suchen, selbst aber gerade in Schulden versinken. Dann suchen Sie nach jemandem, der Sie „rettet", und nicht nach einem Lebensgefährten.

Daher sollten Sie immer *zuerst* auf Ihre Bedürfnisse achten und sich fragen: „Was will ich? Was erwarte ich von einem Partner?" Umgekehrt sollten Sie natürlich wissen, was Sie einem Partner geben können.

Das Prinzip der Liebe besteht aus Geben und Nehmen, vergessen Sie das nicht. Geben alleine macht auf Dauer nicht glücklich. Alleiniges Nehmen genauso wenig.

Arbeiten Sie an sich, werden Sie der beste und zufriedenste Mensch, der Sie sein können! Und dann gehen Sie raus und suchen sich jemanden, der zu Ihnen passt. Ihre innere Stimme wird Ihnen sehr schnell zu verstehen geben, ob er der Richtige ist - wenn Sie ihr die Chance geben, zu Ihnen zu sprechen.

Schauen Sie dazu auch einmal in den Bonus-Report , er enthält einige überraschende Tipps, wo sich Ihr persönlicher Traummann aufhalten könnte!

Liebe: an jemand denken,
ohne nachzudenken.

- Karlheinz Deschner -

Wie ernst meint er es mit mir?

Woran merkt man eigentlich, dass ein Mann es ernst mit mir meint? Wie verhält er sich dann?

Ich bin nun seit mehreren Monaten mit meinem Freund zusammen und würde natürlich gerne wissen, wie ernst er es mit mir meint. Gibt es „Hinweise" darauf, dass ich sagen kann: „Ja, er ist definitiv in mich verliebt, er stellt sich eine Zukunft mit mir vor?"

Ein wichtiger, wenn nicht sogar entscheidender Punkt, der das Glück einer Beziehung ausmachen kann: Das Wissen darüber, was der Partner empfindet.

Liebt er mich …? Wie ernst meint er es …?

Viele Beziehungskrisen würden erst gar nicht entstehen, wenn man sich sicher sein könnte, dass der Partner einen liebt. Man wäre einfach entspannter, man könnte den Dingen gelassener entgegen sehen.

Wie wir ja alle wissen, fällt es Männern schwer, ihre Gefühle zu zeigen. Männer zeigen ihre Gefühle eher indirekt, sie machen Andeutungen, die oft alles andere als eindeutig sind.

Als Mann sind diese Andeutungen aber sehr wohl eindeutig, wir denken uns: „Warum soll ich ihr jeden Tag erzählen, was ich für sie

empfinde? Ich *zeige* es ihr doch schon die ganze Zeit …!"
Für Männer hat eine dahingesagte Liebeserklärung längst keinen so hohen Stellenwert, wie das, was er Ihnen ohne Worte mitteilt.

Den eindeutigsten Beweis, dass Sie ihm weit mehr bedeuten als nur eine flüchtige Affäre, habe ich im Buch „Wie gewinne ich das Herz eines Mannes" bereits behandelt.

Darüber hinaus sollten Sie auf folgende Hinweise achten:

- **Er stellt Sie seinen Freunden vor**
  Jeder Mann hat einen natürlichen Rückzugsraum, einen Ort, der ihm sehr viel bedeutet:
  Der Kreis seiner männlichen Freunde. Hier kann er sich entspannen, hier zieht er sich zurück, wenn er Liebeskummer oder Beziehungsprobleme hat.
  Wenn er Sie seinen Freunden vorstellt, dann können Sie davon ausgehen, dass er gewissermaßen „stolz" ist, Sie zu „präsentieren". Er weiht Sie damit in seine Privatsphäre ein. Eine Frau, die ihm nichts bedeutet, wird er auch seinen Freunden nicht vorstellen wollen.

- **Er bezieht Sie in *zukünftige* Ereignisse mit ein**
  Er spricht mit Ihnen über Dinge, die sich in der Zukunft ereignen. Er weiht Sie in seinen bevorstehenden Autokauf ein oder fragt Sie zu seinem Jobwechsel um Ihre Meinung. Wenn wichtige Entscheidungen, die sein Leben betreffen, anstehen, bittet er Sie um Ihren Rat.
  Er lässt Sie *teilhaben* an Dingen, die wichtig für ihn sind.

- **Er spricht in Ihrer Gegenwart betont begeistert von kleinen Kindern**

  (den Kindern seines Freundes, über seinen kleinen Neffen usw.) Männer reden - zumindest in der noch frühen Phase einer Beziehung - selten über ihre Kinderwünsche. Dass er sich *vorstellen* kann, einmal Kinder mit Ihnen zu haben, zeigt er dadurch, dass er von anderen Kindern erzählt. Er erzählt davon, wie süß und putzig er das Baby seines Kumpels findet. Wenn er es *nicht* ernst mit Ihnen meint, wird er das Thema Kinder Ihnen gegenüber noch nicht einmal erwähnen.

- **Er teilt Ihnen Details seines Lebens mit**

  Er erzählt Ihnen hin und wieder, wo er sich gerade aufhält, was er gerade gegessen hat, wem er gerade begegnet ist - all die kleinen banalen Details seines Lebens.
  Er lässt Sie daran teilhaben. Männer erzählen eigentlich eher ungerne von Dingen, die genau genommen relativ langweilig sind. Allerdings erzählt er einer Frau, für die er ernsthafte Emotionen empfindet, durchaus von diesen Banalitäten - er zeigt ihr damit, dass er sein Leben mit ihr teilen möchte.

- **Er hört Ihnen zu und versucht Ihnen bei Problemen zu helfen**

  Wenn Sie ihm z.B. von Problemen im Job erzählen, versucht er Ihnen zu erklären, wie Sie dies oder jenes Problem lösen können. Sie werden sich vielleicht wünschen, dass er Ihnen einfach nur zuhört, Männer sind aber naturgemäß keine guten „passiven Zuhörer". Männer sind zielorientiert. Er hört Ihnen zwar zu, bringt aber sofort Vorschläge an, wie Sie das Problem wohl am besten lösen können. Wie Sie es „ihrem Vorgesetzten mal so richtig zurückgeben können". Wenn er Ihnen konkrete Lösungsvorschläge auf Ihre Schilderungen gibt, hat er ernstes

Interesse an Ihnen. Er will Ihnen helfen, er möchte Sie damit beeindrucken, welch großartiger „Problemlöser" er doch ist. Wenn Sie einen bloßen Zuhörer brauchen, nur um sich auszusprechen, gehen Sie besser zu einer guten Freundin.

- **Er interessiert sich für Ihr Familienleben**
  Ich kenne etliche Männer, die das Kennenlernen der Familie ihrer Partnerin möglichst lange aufschieben. Für einen Mann ist es extrem unangenehm, dem Vater seiner neuen Freundin gegenüberzustehen. Als Frau kann man das vermutlich nicht nachvollziehen, aber es ist etwas, das ein Mann möglichst lange hinauszögert. Auch wenn er Sie abgöttisch liebt.

  Nichtsdestotrotz: *Fragt* er nach Ihrer Familie? Nach Ihrer Geschichte? Fragt er nach Ihren Geschwistern? Er tut das, weil er sich für Sie und Ihre Herkunft interessiert. Er möchte wissen, *wer Sie sind*. Die Familie ist einfach ein Bestandteil von Ihnen.

  Wenn er mit dem persönlichen Kennenlernen partout noch warten will, dann drängen Sie ihn nicht. Es ist und bleibt eine riesige Überwindung für ihn.

- **Er stellt Sie *seiner* Familie vor**
  Wenn er nach einigen Wochen oder Monaten den Wunsch äußert, Sie seinen Eltern oder der gesamten Familie vorzustellen, dann ist das wohl das sicherste Zeichen, dass er über eine Zukunft mit Ihnen nachdenkt. Für die meisten Männer ist die eigene Familie eine Art Heiligtum, in das man flüchtige Bekanntschaften nicht einbezieht. Ein Mann hat auch eine gewisse Scheu, eine Frau, derer er sich nicht sicher ist, seinen Eltern zu zeigen. Zu peinlich wäre es, von der Mutter zu hören:

„Du hast doch eine Bessere verdient, was willst du denn von der?" Sollte er Sie also seinen Eltern vorstellen wollen, können Sie davon ausgehen, dass er Sie nicht nur als vorrübergehende Affäre betrachtet.

Wenn Sie herausfinden möchten, was er für Sie empfindet, achten Sie immer darauf, was er für Sie tut, und weniger darauf, was er zu Ihnen sagt. Die meisten Männer teilen Ihre Gefühle nur ungerne mit Worten mit, sondern eher damit, dass Sie einer Frau  praktisch und tatkräftig bei Problemen helfen möchten. Männer definieren Ihren eigenen Wert zum Großteil dadurch, dass Sie eine Leistung vollbringen. Nicht zuletzt das ist der Grund, warum sich so mancher Mann regelrecht für Beruf und Karriere aufopfert: Er bezieht sein Selbstwertgefühl daraus, dass er die Anerkennung seiner Kollegen und Vorgesetzten für seine Taten erntet.

Wenn er versucht, Ihnen bei Ihren Problemen tatkräftig behilflich zu sein, dann tun Sie das nicht als „Einmischung" oder „Bevormundung" ab. Indirekt würden Sie ihm dadurch nämlich zu verstehen geben, dass Sie seine Liebe weder erkennen noch wertschätzen. Stattdessen sollten Sie ihm signalisieren, dass Sie seine Hilfe durchaus schätzen und ihm hin und wieder einfach ein wenig Respekt und Anerkennung dafür schenken.

Das ist seine Art, Ihnen Liebe zu zeigen:
Indem er sich um Sie kümmert.

Vielleicht vermissen Sie es bei Ihrem „Exemplar", hin und wieder von ihm zu *hören*, dass er Sie liebt.

Glauben Sie mir, ein dahingesagtes „Ich liebe Dich, Schatz" hat für einen Mann längst nicht die Bedeutung, wie das, was er einer Frau *indirekt* mitteilt und was er für sie *tut*. Daher quälen Sie sich nicht unnötig mit der Frage „Liebt er mich überhaupt?", wenn Sie einen oder mehrere der oben genannten Signale erkennen.

Sie können sich getrost zurücklehnen und einfach nur genießen…

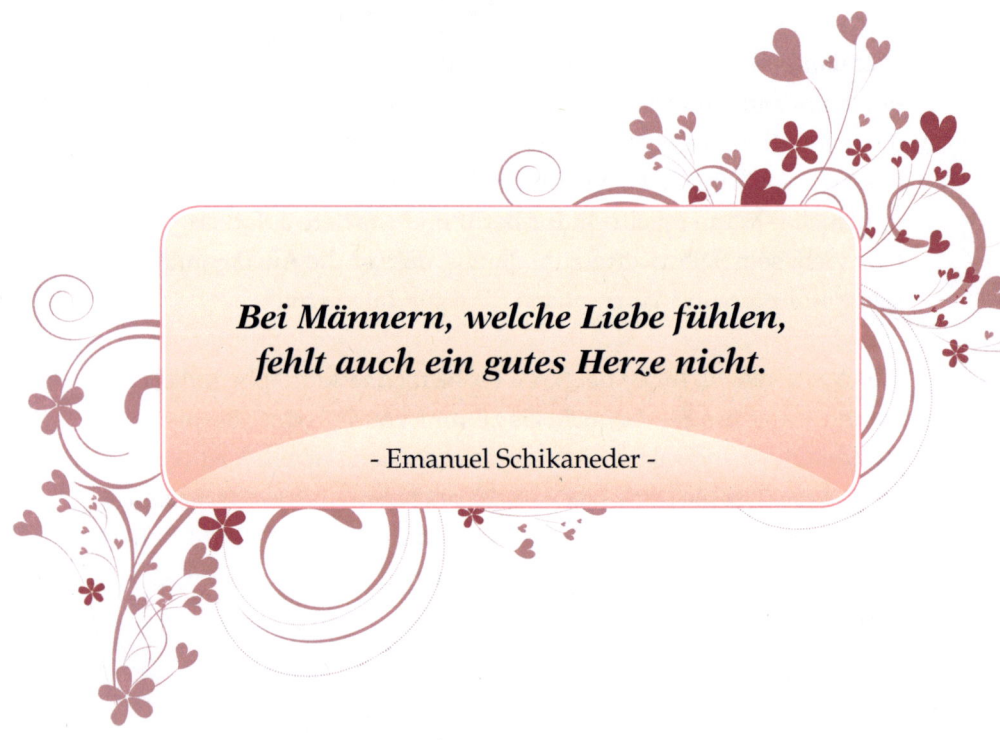

Bei Männern, welche Liebe fühlen, fehlt auch ein gutes Herze nicht.

- Emanuel Schikaneder -

Wie mache ich Fehler wieder rückgängig?

*Ich habe Ihr Buch „Wie gewinne ich das Herz eines Mannes"
regelrecht verschlungen. Leider habe ich erkannt, dass ich
viele der Fehler darin schon begangen habe.
Der Mann, den ich kennengelernt habe, ist seit einigen
Wochen auf dem Rückzug. Obwohl alles sehr schön und
unkompliziert angefangen hat, sagte er mir letztens, dass er
sich momentan keine feste Beziehung vorstellen kann.*

*Nun meine Frage:
Kann man diese Fehler wieder rückgängig machen?
Oder hat man es sich mit diesem Mann dann ein für alle
Mal versaut? Was, wenn man zu früh mit ihm ins Bett ge-
gangen ist, ihm die Gefühle gestanden hat usw.?
Man kann ja leider die Zeit nicht zurückdrehen, gibt es
dennoch etwas, das ich tun kann?*

Wenn Sie mein Buch gelesen haben, werden Sie vielleicht auch den
einen oder anderen „Fehler" darin entdecken, den Sie bereits begangen haben.

Zu Ihrer Erleichterung kann ich Ihnen sagen, dass man diese Fehler
durchaus wieder rückgängig machen kann - bis zu einem gewissen
Grad. Sollten Sie allerdings bei einem Mann schon in der Kategorie „anhängliches und verzweifeltes Wesen" gelandet sein, ist es
schwer, dort wieder herauszukommen.

Schwer, aber nicht unmöglich.

Einerseits ist es der wohl ungünstigste Start in eine Beziehung, sich mit einem Mann zu früh auf Sex einzulassen oder ihn mit Emotionen zu überhäufen. Ich weiß, es liegt in der weiblichen Natur, einem Mann möglichst viel zu geben, möglichst viel zu investieren. Diese Investitionen zahlen sich nur leider nicht immer aus.
Das liegt daran, dass sich Männer von einem weiblichen „zu viel" an Emotionen, Liebesbekundungen und Gefälligkeiten ganz einfach überfordert fühlen. Er weiß gar nicht, wie ihm geschieht - was hat er geleistet, dass dieses weibliche Geschöpf ihn mit Emotionen überhäuft?

Früher oder später beginnt er, für dieses „Gratis-Paket" von Emotionen und Gefälligkeiten weniger Wertschätzung zu empfinden. Schließlich musste er nicht besonders viel dafür tun, um es zu erhalten. In den Augen eines Mannes sinkt der Wert einer Frau parallel dazu, was er selbst leisten muss, um eine Beziehung mit ihr haben zu können. Und dementsprechend wird er sie auch behandeln – mit weniger Respekt, mit weniger Zuneigung.

Daher sollten Sie in einer Beziehung mit einem Mann niemals mehr tun, als er. Wenn er beginnt, weniger Interesse an Ihnen zu haben, sollten Sie nicht mehr tun, sondern weniger.

Warum aber distanzieren sich Männer so oft, nachdem man sich körperlich mit ihnen vergnügt hat?

Das liegt schlicht und einfach daran, dass Männer Sex mit einer Frau viel weniger mit Emotionen in Verbindung bringen, als Frauen es tun.

Nichtsdestotrotz weisen mich Frauen und Leserinnen immer wieder darauf hin, dass sie selbst schon in Beziehungen waren, sich relativ schnell miteinander körperlich vergnügten und diese Beziehung trotzdem lange und glücklich verlief.

Ein Widerspruch?

Ich möchte Ihnen etwas Faszinierendes über die männliche Eigenart berichten:

Um die männlichen Emotionen zu verstehen, beobachten Sie einmal, wie sich Männer in Bezug auf Sportarten verhalten. Ein (hauptsächlich von Männern) gefülltes Fußballstadion ist ein brodelnder Hexenkessel der männlichen Emotionen. Da wird gejubelt, da wird bis zur Ektase mitgefiebert, da wird gelitten und zuweilen fließen Tränen, wenn die Lieblingsmannschaft verliert.

Und da behaupte mal jemand, wir Männer hätten keine Gefühle ...

Wenn man sich dieses Phänomen einmal näher betrachtet, kann man etwas Hochinteressantes entdecken:

Männer geraten in einen Rausch der Gefühle, wenn sie an der Leistung anderer Männer teilhaben. Männer identifizieren *sich selbst* mit dieser Leistung. Für Frauenfußball interessiert sich bekanntlich kaum ein Mann – das ist einfach eine Tatsache.

Das, was beim Fußball die Emotionen schürt, ist doch offenkundig: Es geht darum, einem Gegenstand hinterherzujagen und diesen in das gegnerische Tor zu befördern. Bei fast allen „männlichen" Sportarten geht es im weitesten Sinn um die Jagd. Auch Autoren-

nen oder die Tour de France sind nur Abwandlungen einer Verfolgungsjagd. Wirklich spannend und somit emotionsgeladen werden solche Veranstaltungen aber nur, wenn es sich um das Spiel gegen einen Gegner handelt, der nicht *zu einfach* zu besiegen ist.
Ein „würdiger" Gegner, mit dem man kein zu leichtes Spiel hat.

Mit anderen Worten: Männer entwickeln ungeheuer intensive Emotionen, wenn in einem spielerischen Zusammenhang der Faktor „Jagen" auf den Faktor „ebenbürtiger Gegner" trifft.

Auf den Umgang mit Frauen bezogen spielen sich in der männlichen Psyche erstaunlicherweise ganz ähnliche Muster ab: Die intensiven Emotionen eines Mannes werden dadurch geweckt, indem bei einer neuen Bekanntschaft die beiden entscheidenden Faktoren „Jagen" und „nicht einfach zu bekommen" miteinander verbunden sind. Ich gebe zu, es ist nicht gerade romantisch, Sportveranstaltungen und die Liebe miteinander zu vergleichen, aber die Entstehung männlicher Emotionen unterscheidet sich ganz einfach massiv von der Entstehung weiblicher. Ob wir nun wollen oder nicht: Frauen und Männer *sind ganz einfach anders.*

Männer entwickeln Emotionen, wenn Sie eine Leistung erbringen müssen, wenn Sie jagen können.

Übrigens arbeiten fast alle populären Liebesgeschichten mit diesen beiden Faktoren: Romeo kämpft um seine Julia. Er muss auf der Jagd nach ihr, irrsinnige Opfer bringen und kann sie letztlich nur schwer oder gar nicht bekommen. Dass häufig eine oder beide Liebenden am Ende sterben müssen, bleibt erfreulicherweise den Romanschreibern vorbehalten und hat mit der Realität nicht unbedingt viel gemeinsam.

Wenn Sie das Buch „Wie gewinne ich das Herz eines Mannes" gelesen haben, kennen Sie ja bereits die einzelnen Strategien, um von
Anfang an genau das in einem Mann zu bewirken: Er sollte Sie
als die Frau sehen, die er *„jagen"* kann und die nicht *einfach zu
bekommen ist*. Er selbst ist sich dieser Mechanismen gar nicht bewusst, er spürt nur die intensiven Emotionen, die dadurch auf wun-
dersame Weise in ihm hochkochen.

Sie wissen allerdings sehr genau, welche Prozesse sich abspielen
und das bringt Sie von Anfang an in die erhabene Position, die Ge-
schehnisse zu *durchschauen* und zu verstehen. Und das führt dazu,
dass Sie sich insgeheim viel beschwingter auf die Liebe einlassen
können, viel weniger Ängste mit sich herumschleppen müssen.
Denn Sie kennen die Mechanismen, über die sich ein Mann vermutlich niemals Gedanken macht.

Was aber sollten Sie tun, wenn Sie sich schon *gegen* die eisernen Gesetze des Jagens und „gejagt Werdens" verstoßen haben? Sie haben
erkannt, was falsch gelaufen ist und er beginnt sich allmählich von
Ihnen zu distanzieren?

Hier ist der Notfallplan:

Zuerst müssen Sie den Faktor „ebenbürtig" wieder herstellen.

Auch wenn Sie mittlerweile abgöttisch in ihn verliebt sind:
*Ab sofort müssen Sie ihm das Gefühl geben, als wären Sie sich seiner
absolut nicht mehr sicher.*

„Du bist wirklich ein netter Kerl, aber ich denke es ist besser, wenn
wir uns eine Zeit lang nicht sehen."

Dabei treten Sie keine Diskussionen los, Sie verhalten sich auch nicht „zickig" oder beleidigt. Nein, Sie wissen tatsächlich nicht, ob Sie sich weiterhin mit ihm umgeben wollen. Zumindest nicht, wenn er sich weiterhin so unverbindlich und lieblos verhält. Allerdings werfen Sie ihm das nicht vor, Sie geben ihm auch keinerlei Schuld für sein Verhalten, sondern besinnen sich ganz einfach auf *Ihre* Wahrheit:

Sie sind lieber alleine, als in einer Beziehung, die zu nichts führt.

Das mag vielleicht das Letzte sein, das Ihnen Ihr Gefühl sagt, aber das ernsthafte Interesse eines Mannes wecken Sie vor allem dann, wenn Sie sich voll und ganz auf *Ihre eigenen* Bedürfnisse konzentrieren. Allerdings sollten Sie sich dann nicht in einer ausführlichen Ansprache darüber beschweren, dass er Ihre Bedürfnisse „nicht erfüllen kann".

Ab sofort gehen Sie nicht mehr ans Telefon, Sie antworten nicht mehr auf seine SMS. Sie *verschwinden* für eine Zeit aus seinem Leben.

Um es noch einmal unromantisch zu sagen: Wenn er innerhalb der ersten Spielminuten schon ohne große Anstrengung mehrere Tore bei Ihnen schießen konnte (Sie sind nach kürzester Zeit im Bett mit ihm gelandet, haben ihm Ihre Gefühle gestanden usw.), dann müssen Sie ab sofort alles unternehmen, um wieder als würdiger „Spielpartner" von ihm wahrgenommen zu werden. Er muss in Ihnen eine Frau sehen, die *sehr wohl* gejagt werden muss - wenn auch mit einer leichten Verspätung.

Es ist nicht einfach, ein solches „Spiel" wieder an sich zu reißen, aber es ist durchaus möglich!

Sorgen Sie für Spannung im Spiel der Liebe, sorgen Sie dafür, dass er Sie als eine Herausforderung sieht. Als eine Frau, die immer wieder mit Überraschungen aufwartet. Und die größte Überraschung für einen Mann ist es, wenn die vermeintlich „schwache Gegnerin" plötzlich verschwindet. Wenn er sich plötzlich nicht mehr sicher sein kann, Sie bereits „in der Tasche zu haben". Wenn er sich bei der Jagd nach Ihnen anstrengen muss.

Ich habe schon so manchen unverbesserlichen Macho dabei beobachtet, wie er sich in einen schmachtenden Liebesprinzen verwandelt hat. Der Grund dafür war *immer*, dass ihm die Frau zu verstehen gab: „Ich bin mir (noch) nicht sicher, was ich für dich empfinde". Er musste um sie kämpfen, er musste etwas leisten, bevor er sich ihrer sicher sein konnte. Genau dieser Kampf, diese „Jagd" löst in einem Mann das Gefühl aus, dass eine Frau bei einem zärtlichen, ausgedehnten Schmuseabend auf der Couch empfindet. Emotion pur!

Das hört sich vielleicht nach reiner Berechnung an, in Wahrheit ist es aber die bestmögliche Voraussetzung für unseren Nachwuchs:

Mutter Natur hat bei all dem Balzen, Flirten und Jagen vor allem eins im Sinn - Sie will, dass wir Kinder in die Welt setzen. Damit unser Nachwuchs möglichst große Überlebenschancen hat, muss die Grundvoraussetzung geschaffen werden: Die Eltern der Kinder sollten möglichst für längere Zeit zusammenbleiben. Rein biologisch betrachtet ist die Liebe der hormonelle Klebstoff zwischen Mann und Frau, um das Überleben ihrer Kinder zu sichern. Die beste Voraussetzung für das gemeinsame Großziehen der Kinder ist für eine Frau die Tatsache, dass er es *ernst mit ihr meint* und sie nicht nach einer leidenschaftlichen Nacht schwanger und verzweifelt alleine zurücklässt. *Für ihn* dagegen ist es unendlich wichtig, dass es seine Kinder sind, um die er sich später kümmert. Wenn er es mit einer Frau zu tun hat, die sich einem noch fremden Mann nach kürzester Zeit sowohl körperlich als auch emotional an den Hals wirft - wie kann er sich sicher sein, dass sie das nicht auch bei anderen Männern so macht?

Und schon werden Sie für die Rolle der Mutter seiner Kinder, sprich für eine langfristige Beziehung, uninteressant.

Mehrere aktuelle Studien belegen:

Der Anteil der so genannten „Kuckuckskinder", also der Kinder, die nicht vom vermeintlichen Vater stammen, liegt in Europa bei fünf bis zehn Prozent. Die unterbewusste Sorge der Männer, sich später um ein fremdes Kind kümmern zu müssen, ist also alles andere als unbegründet. Die denkbar größte Katastrophe für einen Mann: Er zieht ein Kind groß, das von einem anderen Mann abstammt. Unterschätzen Sie diesen Faktor nicht.

Wenn Sie also bereits die bekannten Fehler begangen haben, verhalten Sie sich ab sofort zögerlich und zurückhaltend. Stellen Sie Ihre Beziehung zu ihm infrage. Ziehen Sie sich zurück. Entziehen Sie ihm Ihre Aufmerksamkeit. Nicht, weil Sie ihn „bestrafen" wollen, sondern weil Sie ihm damit signalisieren: Ich bin eine Frau, um die man kämpfen muss. Man bekommt mich nicht selbstverständlich. Auch wenn ich vielleicht den Eindruck erweckt habe, als hättest Du mich schon um den Finger gewickelt - tja, da hast du dich wohl getäuscht … Sollte er wider Erwarten dann nicht langsam beginnen, sein Verhalten zu ändern und, um Sie kämpfen, tun Sie sich selbst den Gefallen und vergessen Sie ihn. Beziehungen funktionieren am besten, wenn der Mann in der Anfangsphase der Frau hinterherläuft - und nicht umgekehrt …

Das Wichtigste und gleichzeitig Schwierigste während dieser Phase der „Rückeroberung" ist, dass Ihre Vernunft über Ihre Leidenschaft siegen muss.

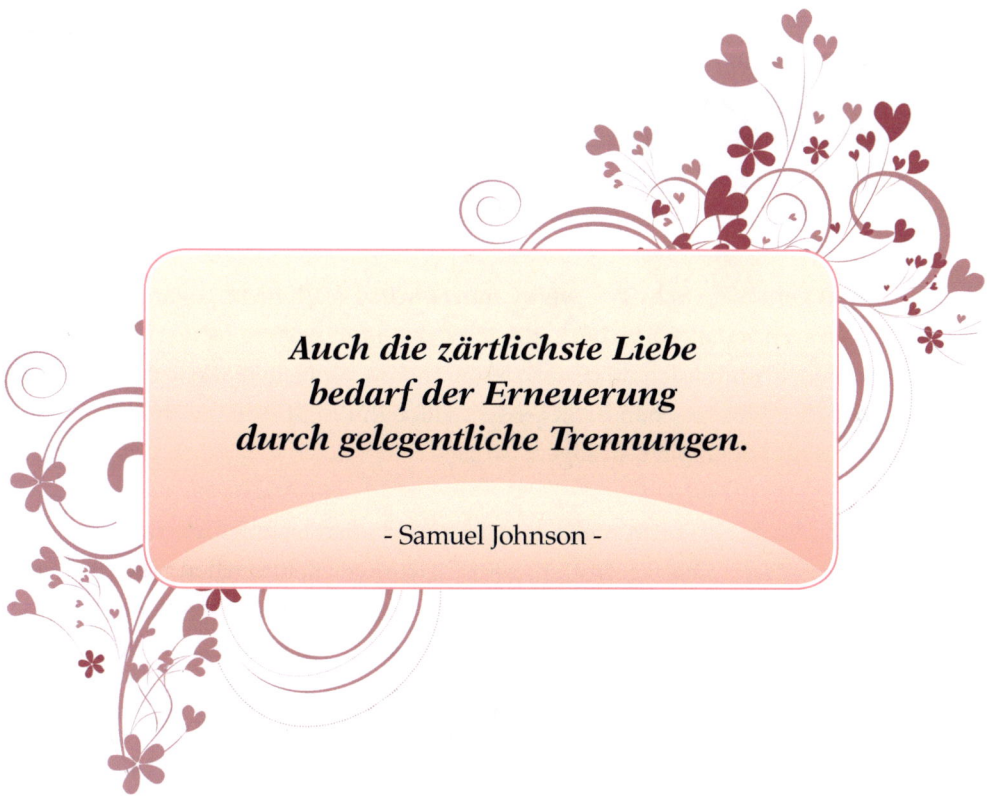

Auch die zärtlichste Liebe
bedarf der Erneuerung
durch gelegentliche Trennungen.

- Samuel Johnson -

Dazu ein Beispiel aus der Praxis

Hier der Fall einer Leserin, die sich in einer solchen Situation befand:

Hallo Herr Sander,

ich habe einen unglaublich tollen Mann kennengelernt und genau wie in ihrem Fallbeispiel aus dem Buch („die Chemie hat gestimmt, daraus wird mehr") gleich in der ersten Nacht nach dem Kennenlernen mit ihm geschlafen. Einfach nur dumm ... im Nachhinein haben sich die Rollen dann so festgelegt, dass er mich wohl immer mehr als eine Art „Bettgeschichte" wahrnahm.

Wir haben uns danach noch 2 bis 3 Mal getroffen (ohne Sex) und uns schöne SMS geschrieben. In Unterhaltungen sagte er, dass er es total bedauern würde, schon mit mir im Bett gewesen zu sein:

„Man geht nicht Schritt 3, wenn man Schritt 1 noch nicht gegangen ist" waren seine Worte. Nun gut. Ich habe dann weitere Fehler begangen, anstatt mich zu distanzieren und zu versuchen alles zu retten (ich wusste es eben nicht besser). Habe ihn mit Liebe überhäuft, um es mal überspitzt zu sagen.

Nachdem er sich nicht mehr gemeldet hat, haben wir uns wieder zufällig in der Disco getroffen, geflirtet, rumgespielt, Spaß gehabt und ich bin danach mit ihm nach Hause gegangen. Auf dem Weg dorthin hat er (angetrunken) sehr zart durch die Blume gesagt, dass er momentan keine Beziehung haben wolle.

Ich habe dann bei ihm geschlafen, wir haben die ganze Nacht gekuschelt, morgens eine gute Unterhaltung gehabt, gelacht und dann hatten wir Sex. Der nächste Riesenfehler. Dann war das Kuscheln auch vorbei und er hat mich heimgefahren.

Am Wochenende rief ich dann bei ihm an und fragte noch, was denn mit der Verabredung zum Kochen sei, über die wir geredet hatten und er meinte nur, dass er in einer Woche in den Urlaub fahre, ich ja wüsste, dass er immer bis spät arbeiten müsse und er eben noch so viel vor dem Urlaub zu erledigen hätte.

Ich habe ihm dann nur noch viel Spaß gewünscht und mich seitdem nicht mehr gemeldet, sondern in meinem Liebeskummer dann ihr Buch entdeckt, es gelesen, meine Fehler gesehen und nun sitz ich hier und frage mich, ob es aus dieser Sexschublade, in der ich mich nun scheinbar befinde, irgendeinen Ausweg gibt, um wieder Kandidat zu werden. Kann ich das noch korrigieren?

Wenn ja, wie?

Sylvia (Name geändert)

———————————

Meine Antwort:

Hallo Sylvia,

aus der Schublade der „schnellen Nummer", in der Sie jetzt leider gelandet sind, kommen Sie nur unter einer Voraussetzung wieder heraus:

Indem Sie ihn AUCH nur als „schnelle Nummer" sehen und ihn dementsprechend behandeln.

Sie WOLLEN keine Beziehung mit ihm, Sie sehen das Ganze völlig entspannt und locker. Damit stellen Sie die Ebene des „ebenbürtigen Gegners" wieder her. Dummerweise sagen Ihnen Ihre Gefühle das Gegenteil davon: Sie wünschen sich sehr wohl mehr von ihm. Und genau das hält IHN davon ab, mehr für SIE zu empfinden.

Er kann Sie haben - jederzeit. Männer interessieren sich aber nur bedingt für Frauen, die „jederzeit zu haben sind". Das ist, so gefühllos das klingen mag, schlicht und einfach LANGWEILIG. Sie müssen also den Spieß umdrehen und ihm suggerieren, dass das, was er von der Geschichte denkt und darüber empfindet, völlig in Ordnung für Sie ist.

Das hier ist Ihr erster Schritt, um die Karten neu zu mischen:

„Ich habe nochmal über die ganze Sache nachgedacht. Um ehrlich zu sein - Ich bin wirklich froh, dass Du nichts Ernstes von mir möchtest - ich WILL momentan gar keine Beziehung...
Es erleichtert mich wirklich, dass Du auch so darüber denkst."

Damit schlagen Sie ihn quasi mit den eigenen Waffen. Das Letzte, was er erwartet, ist, dass Sie ihn *auch* nur als ein „Vergnügen für Zwischendurch" gesehen haben.
Und genau das macht Sie extrem interessant!

Um das Ganze aber glaubwürdig rüberbringen zu können und nicht als Farce erscheinen zu lassen, sollten Sie - nachdem Sie ihm mitgeteilt haben, dass es völlig okay für Sie ist, dass sich NICHTS weiter daraus entwickelt - eine Kontaktsperre einlegen.
Sie haben ab sofort EXTREM viel zu tun und leider keine Zeit für ihn. Wenn er sich meldet (und er WIRD sich melden), sagen Sie:

„Ist wirklich schön, dass Du anrufst, aber ich habe gerade keine Zeit. Ich bin gleich mit jemandem verabredet, lass uns doch am besten nächste Woche telefonieren, da habe ich etwas mehr Luft. Danke für Deinen Anruf, mach´s gut!"

Mit wem Sie verabredet sind, sagen Sie aber NICHT.

Sie bleiben dabei freundlich, gut gelaunt, beschwingt.

Auf seine SMS oder E-Mails reagieren Sie mit einer Verzögerung von mindestens 24 Stunden. Antworten Sie kurz und knapp mit einem: „Nett, dass Du Dich meldest, aber momentan habe ich wirklich viel um die Ohren. Vielleicht schreibe ich Dir demnächst mal wieder ausführlicher. Pass auf Dich auf und genieße Dein Leben, ok? Bis dann"

Auf Themen, die Ihre Beziehung betreffen, gehen Sie erst gar nicht ein. Auch Fragen, ob Sie womöglich jemanden Neuen kennengelernt haben, lassen Sie unbeantwortet.

Genauso wenig sollten Sie ihm lange Erklärungen abgeben, was sich in Ihrem Leben und in Ihren Gefühlen momentan abspielt. Das Interesse eines Mannes wecken Sie vor allem dadurch, dass ER NICHT WEISS, was Sie gerade machen.

Er darf vor allem nicht wissen, wie es in Ihrer Gefühlswelt aussieht. Lassen Sie ihn darüber völlig im Unklaren!

Damit treiben Sie seine Neugier auf die Spitze - er wird zu Hause sitzen und sich fragen: „Mit wem mag sie sich jetzt wohl treffen ...? Wie kann sie mich so schnell vergessen?"

Er MUSS anfangen zu grübeln, er muss merken, dass er Sie tatsächlich VERLOREN hat - erst dann setzt bei ihm wieder ernsthaftes Interesse für Sie ein.

Und sobald Sie merken (Sie sollten insgesamt ca. 6-8 Wochen einfach keine Zeit haben und EXTREM beschäftigt sein), dass er „angebissen" hat - verhalten Sie sich so, wie im Buch „Wie gewinne ich das Herz eines Mannes?" beschrieben. Und zwar Schritt für Schritt.

Denn jetzt sind die Karten neu gemischt - neues Spiel, neues Glück!

Viele Grüße, Christian

_____

Übrigens sind die beiden mittlerweile wieder glücklich liiert. Sie hatte Ihren Freund ganz einfach mit den eigentlich „typisch männlichen Verhaltensweisen" wieder zurückgewonnen. Und genau das hatte sie unendlich interessant für ihn gemacht. Wirklich verstehen tut er bis heute nicht, warum er sich damals trennte und dann doch wieder zu ihr zurückkehrte.
Im Gegenteil, er beschwört immer wieder, „was für ein Glück er doch hatte, noch eine zweite Chance von ihr bekommen zu haben"
…

Die erwähnte Kontaktsperre und das Wiederherstellen der „Ebenbürtigkeit", also das Verhalten, als hätten Sie das Interesse an ihm verloren, bewirken in einem Mann die nötige Grundlage dafür, Ihren _Wert_ zu erkennen.

Wenn Sie sich an diese Schritte halten, stehen die Chancen außerordentlich gut, dass er Sie in einem ganz neuen Licht wahrnimmt. Vor allem nutzen Sie die zwei wichtigsten Faktoren, wenn es darum geht, das Herz eines Mannes zu gewinnen:

- **Er muss Sie hin und wieder *vermissen***

- **Er muss etwas dafür *tun*,**
  um eine Beziehung mit Ihnen zu führen

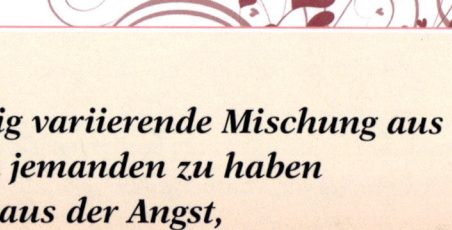

Liebe ist die ständig variierende Mischung aus dem Glück jemanden zu haben und aus der Angst, genau diesen Jemand zu verlieren.

- unbekannter Autor -

Haben Männer Angst vor selbstbewussten Frauen?

Lieber Herr Sander,

vielen Dank für Ihre Einblicke in die männliche Psyche. Ich habe dadurch einiges verstehen können, was mir bisher schleierhaft war.

Allerdings habe ich eine Frage: Ich bezeichne mich selbst als durchaus selbstbewusst und eigenständig. Ich sehe auch gut aus. Trotzdem klappt es mit den Männern nicht.

Ich glaube, Männer haben Angst vor mir.

Können Sie mir einen konkreten Tipp geben, was ich tun kann, damit Männer nicht nach kurzer Zeit die Flucht vor mir ergreifen?

Diese Frage bekomme ich immer wieder von verschiedenen Frauen zu hören:

„Ich mache im Grunde alles richtig, ich ernähre mich gesund, ich achte auf mein Aussehen, ich verdiene mein eigenes Geld. Ich bin alles andere als abhängig von Männern, lebe mein eigenes Leben und habe aber das Gefühl, Männer haben Angst vor mir …"

Ich muss zugeben, dass wohl kein Mann jemals diesen Satz von sich geben würde: „Ich finde sie sehr attraktiv, sie ist auch sehr selbstständig und unabhängig, aber ich habe Angst vor ihr. Deshalb habe ich nicht mehr bei ihr gemeldet."

Selbst wenn es so wäre, kein Mann der Welt würde zugeben, dass er tatsächlich *Angst* vor einer Frau hätte. Nicht einmal seinem besten Freund gegenüber. Das läuft dem Männerbild einfach zu sehr zuwider, als dass ein Mann es offen zugeben könnte. Nicht zuletzt ist das auch der Grund dafür, warum schon so mancher Mann an Beziehungen zugrunde gegangen ist - weil er sich mit einer tatsächlich furchteinflößenden Frau zusammengetan hatte und seine (begründete) Angst weder sich selbst noch irgendeinem Außenstehenden mitteilen konnte.

Ich habe mich mit Hunderten Männern darüber unterhalten - was nicht immer einfach ist, denn Männer unter Ihresgleichen reden nicht gerne über Dinge, die sich jenseits ihrer Fassade verbergen. Vor allem habe ich mich selbst kritisch gefragt:
Wovor haben wir Männer eigentlich *tatsächlich* Angst?

Das Ergebnis ist so einfach wie verblüffend.

Die Ängste eines Mannes kann man - bezogen auf Frauen und Beziehungen - in drei Kategorien einteilen:

1. **Die Angst, kontrolliert und eingeengt zu werden.**
2. **Die Angst, eine Frau nicht glücklich machen zu können.**
   - und daraus resultierend:
3. **Die Angst, von einer Frau verletzt, bzw. verlassen zu werden.**

Die Angst der Männer vor „Freiheitsberaubung" und die Hinweise, was Sie dagegen tun können, habe ich im Buch „Wie gewinne ich das Herz eines Mannes" schon ausführlich behandelt. Daher werde ich hier nur auf die zweite und ebenso große Angst eingehen: Männer haben Angst davor, eine Frau *nicht glücklich machen zu können*.

Viele Frauen schauen mich bei dieser Feststellung nur ungläubig an und verstehen nicht recht, was damit gemeint ist.

Nun, einer der Hauptantriebe im Leben eines Mannes ist es, den Frauen, bzw. *seiner* Frau zu gefallen. Karriere, Geld, Macht, Ansehen - Sie werden es nicht glauben, aber das alles tut ein Mann hauptsächlich, um Frauen damit *imponieren* zu können.

Er bezieht einen Großteil seines Selbstwertes daraus, wie gut er bei Frauen ankommt und wie sehr er von Frauen begehrt wird. In ihm schlummert der übergroße Wunsch, von einer Frau bewundert zu werden, und zwar dafür, dass er das verkörpert, wonach er im Leben am meisten strebt:

Ein Mann zu sein, der es schafft, eine Frau glücklich zu machen.

Nicht zuletzt deshalb fragen Männer nach bestimmten, körperlichen Betätigungen: „Und, wie war ich?"

Er stellt diese für weibliche Ohren vermutlich idiotisch klingende Frage, weil er glaubt, Ihr Glück hinge mindestens so sehr von sexueller Befriedigung ab, wie sein eigenes. Er fragt Sie das, weil er Ihnen gefallen will. Er will, dass er es ist, der Sie glücklich macht. Und zwar möglichst besser als sämtliche Männer vor ihm. Das Problem bei all seinen teilweise unbeholfenen Versuchen, eine Frau glücklich zu machen, ist, dass er über die wahren Bedürfnisse einer Frau nur spekulieren kann. Er hat im Grunde nur die leise Vermutung, dass eine Frau von ihm versorgt werden möchte - materiell und finanziell.

Darüber hinaus sucht sie nach einer „starken Schulter", einem Mann, der ihr mit Rat und Tat beiseite steht - darin sieht er seine Aufgabe als Mann.

Bei Frauen, die ihre Karriere, ja ihr gesamtes Leben völlig im Griff haben und ihre Unabhängigkeit in jeder Hinsicht verwirklicht haben, fragt sich jeder Mann natürlich:

Was kann ich ihr denn überhaupt bieten?

Von diesem grundsätzlichen Faktor einmal abgesehen, beobachte ich bei den sogenannten „starken" Frauen oft dieses:

Sie lassen sich nur ungerne bei Dingen helfen, sie lassen sich oft auch nur widerwillig einen Rat geben. Schon gar nicht von einem Mann - schließlich haben sie das „alles selbst geschafft", sie haben sich völlig aus eigener Kraft verwirklicht. Natürlich sind solche Frauen nur zu beglückwünschen, sie bekommen auch allerorts Anerkennung und Bewunderung - vor allem von anderen Frauen. Nur mit den Beziehungen zu Männern scheint es allerdings nicht recht klappen zu wollen.

Der Grund dafür ist meistens das mangelnde Wissen darüber, dass Männer ihre Hauptaufgabe in einer Beziehung darin sehen, eine Frau zu *versorgen*. Sie zu *unterstützen*. Ihr - gerade bei praktischen Dingen - zu *helfen*.

Er möchte der persönliche Held seiner Frau sein, ihr Ritter in strahlender Rüstung. Nichts befriedigt ihn mehr, als von einer Frau *Anerkennung* dafür zu erhalten, dass er der starke und allwissende Kavalier ist, nach dem sich seine Frau immer schon gesehnt hat. Unterschätzen Sie diesen Faktor niemals, aus diesem Grund fühlt sich ein Mann überhaupt erst als Mann!

Ist es nicht so, dass Sie sich besonders zu den Männern hingezogen fühlen, die Ihnen das Gefühl geben, eine schöne und begehrenswerte Frau zu sein? Wenn ein Mann es fertigbringt, dass Sie sich wohl in Ihrer eigenen Haut fühlen, wenn er Ihre Weiblichkeit anerkennt und huldigt - dann können Sie gar nicht anders, als sich zu diesem Mann hingezogen zu fühlen, richtig?

Und warum - weil er es schafft, dass Sie sich *als Frau* anerkannt fühlen.

So wie Frauen geradezu aufblühen, wenn man sie in ihrer Weiblichkeit und Schönheit anerkennt und bewundert, so fühlen sich Männer zu den Frauen hingezogen, die ihnen das Gefühl geben, *ein Mann* zu sein.

Umgekehrt gibt es kaum etwas, das ein Mann mehr hasst, als von einer Frau zum „Pantoffelhelden" degradiert zu werden. Und bei den sogenannten „starken Frauen" sieht er diese Gefahr leise, aber drohend auf sich zukommen.

Um es zusammenzufassen: Männer wünschen sich eine Frau, die emotional unabhängig ist und ihr eigenes Leben genießen kann, gleichzeitig wollen sie sich ihr gegenüber wie „ein richtiger Mann fühlen".

Vielleicht verdrehen Sie jetzt die Augen und denken, das wäre alles viel zu kompliziert. Vielleicht vergeht Ihnen auch gerade jegliche Lust, einen Mann kennenzulernen?

Ich kann Sie beruhigen, diese scheinbaren Widersprüche sind viel einfacher zu lösen, als Sie vielleicht denken.

Es gibt einen sehr einfachen und hocheffektiven Trick, um einem Mann genau das glauben zu machen: Er sei Ihr persönlicher Held in glänzender Rüstung.

Gerade als Frau, die ständig „ihren Mann steht", sowohl im Berufsleben, als auch privat, sollten Sie sich über eines klar werden:

Ein Mann will Ihnen demonstrieren, dass er ein Mann ist.

Er sehnt sich nach dem Gefühl, von einer Frau *gebraucht* zu werden. Allerdings nicht, indem sie sich von ihm abhängig macht und sich permanent bei ihm meldet.
Er möchte schlicht und ergreifend spüren, dass sie ihn schätzt und respektiert. Und bis zu einem gewissen Grad auch ein wenig bewundert.

Vielleicht kennen Sie auch eine der unzähligen Geschichten, bei denen das „blonde Dummchen" in der Firma jeden Mann um den Finger zu wickeln scheint.

„Was hat sie bloß, dass die Männer auf sie eingehen? Sie ist weder intelligent, noch außerordentlich hübsch, was wollen die alle bloß von ihr?"

Solche hilflos wirkenden und oft etwas „unterbelichteten" Frauen erreichen vor allem eins bei Männern: Sie kitzeln ihren Beschützer-Instinkt wach. Dieser den Männern ureigenste Instinkt ist nichts anderes als die Garantie dafür, dass sie ihn braucht und ihn als Mann respektiert und bewundert.

Und genau das macht sie für Männer reizvoll. Seine Angst, eine Frau nicht glücklich machen zu können, löst sich bei solchen weiblichen Exemplaren schnell in Luft auf.

Wie wäre es also, wenn Sie sich dieses Wissen zunutze machen würden, und zwar zu *Ihrem* Vorteil?

Gerade in der Phase des Kennenlernens können Sie sehr einfach den „Hauptschalter" im männlichen Gehirn umlegen, den Schalter nämlich, der in ihm das Gefühl aufkommen lässt:

„Ich bin ein Mann". Es gibt nichts, womit Sie ihn willenloser machen können, als ihm das Gefühl zu geben, dass Sie seine Männlichkeit anerkennen.

Dies funktioniert im Übrigen bei allen Männern, also auch bei jenen unbeliebten Chefs, die Ihnen unnötig auf Ihren Nerven herumtrampeln.

Wie aber funktioniert das konkret?

Der entscheidende Vorteil darin, eine Frau zu sein, liegt meiner Meinung nach darin, dass Sie gar nicht viel aktiv unternehmen müssen, um die besagten Schalter in einem Mann umzulegen. Im Grunde sollten Sie nur eines tun:

Sie müssen sich hin und wieder hilfloser geben,
als Sie eigentlich sind.

Lassen Sie sich von Männern bei Dingen *helfen*. Lassen Sie sich die schweren Getränkekisten von ihm in die Wohnung schleppen. Fragen Sie ihn in technischen Angelegenheiten um seinen Rat. Planen Sie z.B. sich einen neuen PC zuzulegen? Ein neues Auto? Fragen Sie ihn nach seiner Meinung dazu! Bitten Sie ihn mit flötender Stimme, ob er sich nicht gänzlich darum kümmern kann. „Weißt Du, ich bin in solchen Dingen immer völlig überfordert. Wie gut, dass ich Dich habe!" Glauben Sie mir, er wird mit geschwollener Brust in die nächsten zehn Elektromärkte fahren, um in dieser „männlichen" Aufgabe völlig aufzugehen. Wenn er dann mit gespielter Selbstverständlichkeit bei Ihnen mit dem schnellsten und kompaktesten PC auftaucht, den es momentan gibt, zeigen Sie sich zutiefst dankbar. Alleine hätten Sie das niemals geschafft! Ohne ihn wäre das Leben unglaublich schwer und kompliziert …

Das hört sich vielleicht - einmal mehr - nach billiger Manipulation an, in Wahrheit ist es aber vor allem:
Sie zeigen ihm damit, dass Sie dankbar für seine männlichen Qualitäten sind, die (hoffentlich) aus noch mehr als nur Kenntnissen über Elektronik oder Autos besteht. Denken Sie daran - Sie können Anerkennung und Dankbarkeit für *Ihre* weiblichen Qualitäten nur erwarten, wenn Sie *ihm* hin und wieder auch etwas davon *geben*. Männer sind in dieser Hinsicht sehr einfach zu befriedigen. Sie brauchen nur ab und an das Gefühl, *als Mann* von Ihnen gebraucht und dafür anerkannt zu werden …

Gerade Frauen aber, die gewohnt sind, alles alleine zu bewerkstelligen, haben mit diesem Verhalten oft ein Problem. Sie glauben, Sie würden sich damit einem Mann „unterordnen". Schließlich sind Sie ja emanzipiert und gleichberechtigt und haben solche unterwürfigen Gesten nicht nötig. Stattdessen wollen sie möglichst immer alles selbst erledigen und lassen sich erst gar nicht dazu herab, das Ruder auch einmal aus der Hand zu geben.

Bei allem Respekt für die Gleichberechtigung - mit dieser Einstellung stellen sich viele Frauen selbst im Weg. Sie verkennen nämlich, wie sehr Männer es genießen, für einen Moment „über" einer Frau zu stehen. Sie genießen es, weil es ihnen das erhabene Gefühl gibt, *ein Mann* zu sein. Sie leben regelrecht auf, wenn sie einer Frau ihr handwerkliches Geschick oder ihre praktische Hilfsbereitschaft demonstrieren können. Denken Sie daran - Männer zeigen ihre Gefühle durch *Handlungen* und selten mit ausufernden Liebesschwüren. Zumindest sind liebesbriefschreibende Romeos heutzutage eher selten anzutreffen.

Ich frage Sie, wer von beiden ist der eigentlich „Unterlegene":

Der, der es nötig hat, seine Kraft durch solche „Lächerlichkeiten" zu beweisen, oder der, der sich dieses Wissen zunutze macht?

Vielen Frauen kann ich nur raten, diese künstliche Emanzipiertheit aufzugeben und sich das Verhalten der Männer lieber zunutze zu machen - davon profitieren Sie auf Dauer mehr!

Die Liebe kann so einfach und gleichzeitig so praktisch sein!

Übrigens:

Im Jahr 1942 entdeckte der Tier- und Verhaltensforscher Konrad Lorenz das sogenannte „Kindchenschema", das sowohl Tiere als auch Menschen instinktiv dazu bringt, Geschöpfe mit bestimmten Merkmalen wie großen Augen und weichen, runden Gesichtszügen innerhalb von Sekunden „süß" zu finden. Die Babys aller Säugetiere haben dieses Schema entwickelt. Reflexartig möchten wir uns um das kleine Wesen kümmern, es beschützen. So stellt die Natur sicher, dass sich Eltern um ihren Nachwuchs kümmern und ihn versorgen - einfach weil er so unendlich putzig aussieht.

Eine Studie der Universität Regensburg hat vor kurzer Zeit ergeben, dass sich dieses Schema auch auf die von Männern empfundene Schönheit von Frauen anwenden lässt. In einer groß angelegten Umfrage wurden Tausende Männer befragt, welche von verschiedensten Frauengesichtern sie als das attraktivste einstufen. Das Bahnbrechende dieser Studie war: Wenn die Bilder künstlich dem Kindchenschema angeglichen wurden (Augen größer, Kinnpartie etwas kleiner), stuften es die Männer sofort als anziehender ein.

Im Klartext heißt das: Eine Frau wird instinktiv dann als hübsch und anziehend empfunden, wenn sie ein wenig kindlich, und somit beschützenswert aussieht. Nicht umsonst laufen sämtliche Schminktipps darauf hinaus, die Augen von Frauen künstlich größer wirken zu lassen. Auch schmal gezupfte Augenbrauen sowie verlängerte, dichte Wimpern (beides sehr attraktiv an Frauen) haben im Grunde optisch nur den Effekt, die Augen größer wirken zu lassen. Ohne es zu wissen, nutzen Frauen schon seit Jahrhunderten den Effekt des Kindchenschemas.

Flirt-Tipp:

Wenn Sie mit einem Mann ins Gespräch kommen und sich herausstellt, dass er ein Kandidat mit Potential für Sie sein könnte - nutzen Sie die Wirkung Ihrer Augen: Senken Sie Ihren Kopf und schauen Sie ihn von „unten aus" an. Ihre Pupillen befinden sich am oberen

Rand und Ihre Augen wirken dadurch insgesamt größer. Durch diesen unschuldigen „Rehblick" bringen Sie jeden Mann innerhalb von Sekunden dazu, Sie süß zu finden und Sie „beschützen zu wollen". Dieser Blick hat etwas leicht Unterwürfiges - ohne dass einer der Beteiligten es bewusst mitbekommen würde. Und genau dieses subtile Signal können Sie dafür nutzen, einen Mann schwach zu machen. Vertrauen Sie mir.

Ich bin selbst ein Mann - es wirkt tatsächlich!

Noch etwas: Tragen Sie Ihre Haare so oft es geht - vor allem aber bei Verabredungen mit Männern - *offen*. Lassen Sie sich Ihr Haar versuchsweise wachsen, wenn Sie einen Kurzhaarschnitt tragen. Offene, lange Haare wirken wesentlich attraktiver auf Männer, als kurzes oder hochgestecktes Haar - das wird Ihnen jeder Mann bestätigen. Auch das hat indirekt mit dem Kindchenschema zu tun. Ihr Gesicht wirkt dadurch weicher und weniger markant. Ein Faktor, dem sich Männer nun mal nicht entziehen können.

Vor allem: *Angst* wird er vor solch einem „unschuldigen Wesen" gar nicht haben *können*.

> *Wer wird so vermessen sein,*
> *sich in eine Königin zu verlieben,*
> *ohne dass sie ihn zuvor ermutigt?*
>
> - Marie-Henri Beyle -

Liebe am Arbeitsplatz

Wie sollte man damit umgehen, wenn man sich in einen Kollegen, Vorgesetzten oder auch Untergebenen verguckt hat?

Gibt es bei der Liebe am Arbeitsplatz etwas zu beachten?

Statistisch gesehen entstehen die meisten Beziehungen auf dem Arbeitsplatz. Was auch nicht weiter verwunderlich ist, schließlich verbringt man den Großteil seiner Zeit mit dem Job.

Das Problem dabei ist, dass sich dort Privates und Berufliches vermischen - wer jemals in den Töpfen der betrieblichen Gerüchteküche gelandet ist, weiß, wie unangenehm die Nebenwirkungen einer Romanze am Arbeitsplatz sein können. Davon abgesehen gibt es nichts Unangenehmeres, als bei Beziehungskrisen dem Partner nicht aus dem Weg gehen zu können. Alles in allem riskiert man sehr ungemütliche Situationen, wenn man eine Beziehung am Arbeitsplatz beginnt.

Daher sollten Sie folgende Ratschläge beherzigen:

Sie haben sich also in einen Kollegen, einen Vorgesetzten oder einen Ihrer Mitarbeiter verguckt. Er flirtet mit Ihnen. Zuerst einmal sollten Sie sich im Klaren darüber sein, dass Männer einfach gerne flirten - nicht zuletzt um den eintönigen Arbeitsalltag etwas aufzulockern. Sie denken sich meist nichts weiter dabei, einer Kollegin ein paar zweideutige Floskeln zuzuwerfen, einfach um des Spaßes willen. Solange es nichts weiter ist als ein Flirt, sollten Sie sich auch nicht hineinsteigern. Genießen Sie es, flirten Sie dezent mit, aber schenken Sie dem Ganzen nicht mehr Aufmerksamkeit, als einem guten Film im Fernsehen.

Konzentrieren Sie sich weiterhin auf Ihre Arbeit und tun Sie Ihr Bestes, gut auszusehen. Achten Sie immer darauf, dass Sie sich *schön fühlen*. Bevor Sie morgens aus dem Haus gehen, sollten Sie sich im Spiegel betrachten und feststellen, was für eine wahnsinnig hübsche Frau Sie doch sind! Vergessen Sie nicht, dass Schönheit mit Ihrer Einstellung zu sich selbst zu tun hat. Daher sollten Sie alles unternehmen, damit Sie sich selbst als eine wunderschöne Frau fühlen. Männer erachten eine Frau dann für attraktiv, wenn sie *sich selbst attraktiv fühlt*.

Natürlich wollen Sie ihn privat kennenlernen, Sie wollen sich mit ihm treffen, und zwar möglichst schon vorgestern.

Die eiserne Regel lautet allerdings: Sie warten, bis *er Sie* nach einem Treffen fragt.

„Vielleicht ist er zu schüchtern, ich glaube er traut sich einfach nicht, mich zu fragen. Ich muss ihn doch irgendwie anschubsen, oder?"

Vertrauen Sie mir:
Wenn ein Mann an einer Frau interessiert ist, *wird* er Sie um ein Treffen bitten. Vor allem dann, wenn er ihr jeden Tag auf der Arbeit begegnet. Wenn Sie ihn nach einem Treffen fragen, sich ihm regelrecht aufdrängen, dann machen Sie es ihm damit nicht „einfacher". Sie machen sich schlicht und ergreifend *uninteressant*.

‚Fragt er Sie nicht nach einem privaten Treffen, ist er auch *nicht ernsthaft an Ihnen interessiert,* so einfach ist das.

Wenn er Sie dann eines Tages fragt, ob Sie nicht mal mit ihm einen Kaffee trinken wollen, sagen Sie mit einem verführerischen Augenaufschlag: „Das würde ich gerne, aber momentan habe ich sehr viel zu tun. Vielleicht habe ich nächste Woche mehr Zeit. Ich sage Dir Bescheid, ok?"

Auch wenn Sie jetzt innerlich jubilieren und kaum noch ruhig auf Ihrem Stuhl sitzen können:

Sie sagen ihm *nicht* Bescheid, sondern warten, bis er Sie erneut um ein Treffen bittet. *Er muss Sie erneut fragen.* Es muss ihm ganz einfach eine gewisse Mühe bereiten, in den Genuss einer Privat-Audienz mit Ihnen zu kommen.
Sie sind etwas Besonderes, vergessen Sie das nicht. Nur weil er Ihnen schöne Augen macht, bedeutet das nicht, dass er Sie völlig selbstverständlich jederzeit treffen kann.

Wenn Sie sehr eng mit ihm zusammenarbeiten oder Sie sich täglich in der Kantine begegnen, dann stehen Sie regelmäßig mit einem koketten Lächeln auf und gehen: „Ich muss noch etwas Wichtiges erledigen, wir sehen uns!" Sie erklären ihm aber nicht, was Sie erledigen müssen und wohin Sie gehen. Es mag Ihnen seltsam vorkommen, aber diese Kleinigkeiten sorgen dafür, dass er Sie als eine geheimnisvolle Frau wahrnimmt.

Wenn er Sie in der Firma kontaktiert, bleiben Sie beim Beruflichen. Sie sind eine professionelle Mitarbeiterin des Betriebes und keine Quasselstrippe. Wenn er Sie in Ihrem Büro aufsucht, um Sie anzuhimmeln, dann geben Sie sich betont beschäftigt. „Das ist nett, dass du vorbeischaust, aber ich muss noch diese Dinge erledigen, leider muss ich dich jetzt rausschmeißen."

Wenn er sich öfter in Ihrer Nähe aufhält, als es beruflich nötig wäre, wenn er auch sonst sämtliche Anzeichen von ernsthaftem Interesse zeigt (siehe Kapitel „Woran merke ich, dass er Interesse an mir hat"), dann wissen Sie: Er hat angebissen.

Jetzt gilt es, ihn an Land zu ziehen.

Dazu sollten Sie sich an alle Schritte aus dem Buch „Wie gewinne ich das Herz eines Mannes" halten, und zwar vom ersten Date bis zum berühmtberüchtigten „Beziehungsgespräch".

Vor allem aber müssen Sie Arbeit und Freizeit strikt voneinander trennen. Auf der Arbeit sind Sie, um zu arbeiten und nicht, um zum Klatsch-Thema Nummer 1 Ihrer Kollegen zu werden. Laufen Sie nicht händchenhaltend durch die Firma. Küssen Sie sich auch nicht auf den Fluren Ihrer Arbeitsstelle. Bewahren Sie Ihren Stil und Ihre Contenance. Und vor allem:

Schlafen Sie nicht mit ihm, solange nicht feststeht, dass Sie eine feste Beziehung mit ihm haben.

Es mag sich nach eiskalt kalkulierter Berechnung anhören, bei genauer Betrachtung wecken Sie mit diesem Verhalten aber das ernsthafte und vor allem *emotionale* Interesse eines Mannes. Er wird sich ständig fragen: „Was denkt sie wohl von mir? Mag sie mich? Habe ich eine Chance bei ihr?"

Ein Mann *muss* am Anfang ganz einfach eine gewisse Ungewissheit empfinden, *er darf sich nicht sicher sein,* ob er bei Ihnen „landen" kann. Nur mit dieser Ungewissheit bewirken Sie in ihm ein Niveau von Interesse, das sich von allem anderen unterscheidet.
Sie unterscheiden sich damit von allen Frauen, die er bisher kennengelernt hat.

Ich kannte einmal eine Frau, die sich auf Ihren Vorgesetzten eingelassen hatte. Sie war wirklich gutaussehend und äußerst sympathisch. Es begann mit harmlosen Flirts, die sie stets erwiderte. Er lehnte sich eines Tages lässig an ihren Schreibtisch und fragte sie, ob sie nach Feierabend nicht etwas mit ihm trinken gehen wolle. Das ging mehrere Wochen so - wann immer er spontan Lust hatte, gingen beide nach Feierabend zusammen aus. Es kam, wie es kommen musste - es entwickelte sich eine Affäre daraus. Nein, keine feste Beziehung, denn es stellte sich heraus, dass er eine Freundin hatte, von der er natürlich vorher nichts erwähnte. Er war auch nach Monaten nicht bereit, seine Freundin zu verlassen.
Wie Sie sich vielleicht denken können, hatte diese Geschichte alles andere als ein Happy End.

Für die sympathische, gutaussehende Frau endete es einem emotionalen Desaster, weil er sich nicht von seiner Freundin trennte. Gleichzeitig tauchte er aber immer wieder bei ihr auf, um diese „unverfänglichen" Treffen mit ihr zu haben.

Man kann von solchen Männern halten, was man will - letztlich hat eine Frau es in der Hand, sich auf solche „Unverbindlichkeiten" einzulassen oder eben nicht. Wenn Sie einem Mann von Anfang an gestatten, sich frei nach *seiner* Lust und Laune mit Ihnen zu treffen, wenn Sie zulassen, dass er Sie als eine „willkommene Gelegenheit um Spaß zu haben" wahrnimmt, dann dürfen Sie sich nicht wundern, wenn Männer diese Gelegenheit am Schopf packen.

Das soll kein Freispruch für das Verhalten solcher Männer sein. Noch viel weniger will ich den Frauen die Schuld für solche Geschichten in die Schuhe schieben. Vielmehr will ich Ihnen klar machen, dass viele Frauen - ohne es zu wissen - mit ihrem Verhalten *am Anfang* die falschen Signale senden, indem sie einem Mann zu verstehen geben: „Ich bin jederzeit für dich verfügbar, mit mir kannst du machen, was immer du willst. Selbst wenn du mich nur als Affäre benutzt."

Stattdessen sollten Sie von Anfang an demonstrieren, dass Sie nicht zu der Sorte „naiver Mädchen" gehören, die sich von dem „coolen Getue" eines Chefs oder Kollegen nach kürzester Zeit beeindruckt zeigen. Natürlich finden Sie ihn nett, Sie sollten ihn auch nicht mit arroganten Gesten bestrafen. Aber er muss sich schon ein wenig ins Zeug legen, um sich mit Ihnen treffen zu können.

Und warum das Ganze? Ganz einfach:

Sie sind anders, als die anderen -

Sie haben Klasse.

Sie spielen in einer Liga, von der die meisten Frauen nur träumen können. Und in dieser Liga muss ein Mann um Sie werben. Er muss etwas dafür tun, um sich mit Ihnen zu treffen. „Einfach so" sind Sie nicht für eine Verabredung zu haben. Da muss er leider noch ein Weilchen warten. Und wenn er auch nur einen Hauch von Interesse an Ihnen hat, wird er Sie dadurch in einem ganz anderen Licht wahrnehmen:

Er erkennt in Ihnen eine Frau, die es äußerst selten gibt - eine Frau, die Ihren Selbstwert kennt. Und langsam aber sicher wird sein Verlangen nach Ihnen immer größer werden.

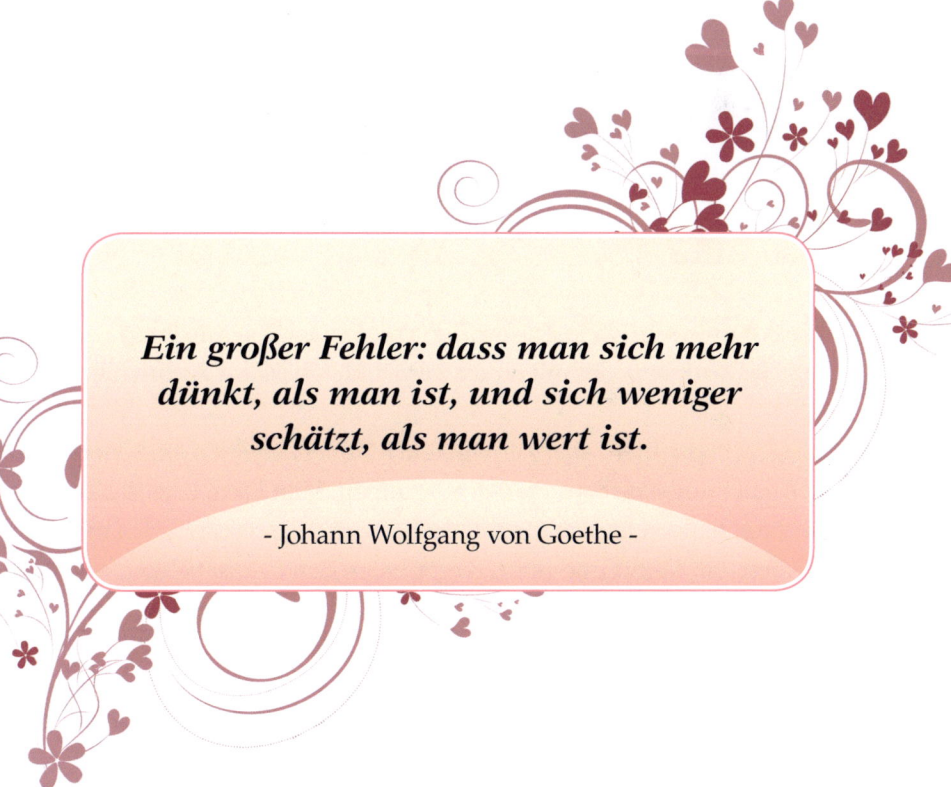

Ein großer Fehler: dass man sich mehr dünkt, als man ist, und sich weniger schätzt, als man wert ist.

- Johann Wolfgang von Goethe -

Verheiratete Männer

Ich bin in einen Mann verliebt, der verheiratet ist.
Er betont mir gegenüber immer wieder, wie unglücklich er
mit dieser Frau ist und wie sehr er die Zeit mit mir genießt.
Er versprach schon oft sich zu trennen, er „wartet nur noch
auf den richtigen Zeitpunkt" - so seine Worte.

Bisher hat er sich noch nicht getrennt. Allerdings lässt er
mich auch nicht gehen.

Ich zerbreche mir seit Wochen den Kopf darüber, können
Sie mir erklären, was in diesem Mann vorgeht?

Ich bekomme sehr viele Zuschriften von Frauen, die mir ihren „Fall" beschreiben, der mit einem verheirateten Mann zu tun hat.

Es ist ein Phänomen, aber verheiratete Männer scheinen eine enorme Anziehungskraft auf Frauen auszuüben. Man kann solche Geschichten nahezu täglich überall beobachten. Frau verliebt sich in verheirateten Mann und hofft, dieser möge sich bald scheiden lassen. Natürlich trägt er seinen Anteil dazu bei, sie in diesem Glauben zu bestätigen:

„Mit meiner Frau verstehe ich mich schon lange nicht mehr, es ist nur eine Frage der Zeit, und ich trenne mich von ihr, hab' noch ein wenig Geduld."

Ich verrate Ihnen etwas:

Es gibt kaum etwas Schöneres für einen Mann, kaum etwas, das sein Ego mehr streichelt, als die Option auf ZWEI Frauen zu haben. Die eine, seine Ehefrau, kümmert sich um Haushalt, Wäsche und alles „Praktische". Die andere, seine Affäre, kümmert sich darum, dass er sich jung und begehrenswert fühlt. Die Tatsache, dass sie ihn immer wieder danach fragt, wann und ob er sich denn scheiden lassen würde, schmeichelt seinem Ego umso mehr. Schließlich begehrt sie ihn - und was wünscht sich ein Mann mehr, als von einer Frau begehrt zu werden?

An dieser Stelle muss ich Ihnen ganz klar sagen: Er wird diesen Zustand, in dem er zwei Frauen gleichzeitig haben kann, aller Voraussicht nach *nicht* von sich aus beenden. Wenn es nach ihm ginge, wären Sie auch noch in zehn Jahren seine Geliebte.

Vorausgesetzt natürlich, seine Frau erfährt nichts davon und vorausgesetzt, Sie spielen bei diesem Spiel mit. Solange Sie Verständnis für ihn aufbringen und signalisieren, dass Sie sich im Grunde mit der Situation zufriedengeben, solange wird er sich auch nicht von seiner Frau scheiden lassen.

Natürlich, Sie wollen eben keine „Zicke" sein, im Gegenteil, Sie wollen ihm zeigen, was er an Ihnen hat - eine ruhige und besonnene Frau, die ihn rundum glücklich machen kann - ganz im Gegensatz zu seiner Frau. Nur so kann er sich eines Tages *für Sie* und *gegen seine Frau* entscheiden, richtig?

Leider funktioniert diese Strategie nicht - zu erhaben ist es für einen Mann, von zwei Frauen gleichzeitig „gewollt" zu werden. Es befriedigt sein ureigenstes Gefühl, „männlich" und stark zu sein. Nicht umsonst galt es in der Antike - vor allem im Orient - als ein Zeichen von Wohlstand und Macht, mehrere Frauen gleichzeitig zu haben.

Der Inbegriff der Männlichkeit: „Ich habe mehrere Frauen!"

Auch wenn er Ihnen noch so glaubhaft beteuert, dass „ihn diese Situation wirklich sehr belastet", und es „ihn sehr mitnimmt" und er „sich bald trennen wird" - in der Tiefe seines Egos triumphiert seine Männlichkeit, in den Genuss eines kleinen Harems zu kommen.

So sehr Sie seinem Ego damit eine Massage verabreichen - so sehr erniedrigen Sie sich selbst damit. Dadurch ergibt sich von Anfang an ein Ungleichgewicht. Sie fühlen sich zur Nebenfrau degradiert (wenn auch in der Hoffnung, eines Tages die „Hauptfrau" zu werden), während er sich fühlt wie ein kleiner Pascha.

Es ist in zahllosen wissenschaftlichen Studien nachgewiesen worden, dass der Beginn einer Beziehung entscheidend dafür ist, wie diese Beziehung weiterhin verläuft.

Letztlich geht es immer auch darum, wer von beiden die „Macht" über den anderen hat und zwar von Anfang an. Eine funktionierende Beziehung beruht darauf, dass das Machtverhältnis zwischen den Partnern ausgeglichen ist - ansonsten wird die Beziehung ent-

weder Scheitern oder sie führt in die Abhängigkeit des einen Partners vom anderen. Ich muss Ihnen wohl nicht näher erläutern, wohin die Kombination „Nebenfrau mit Pascha" führen wird.

Lassen Sie sich niemals dazu herab, die „Zweite im Bunde" zu sein. Völlig egal, ob er nun verheiratet ist oder eine Freundin hat. Ein Mann, der vergeben ist, ist vergeben. Er wird sich nicht trennen, zumindest nicht, solange er beide Frauen haben kann. Und wenn er Ihnen detailliert erklärt, wie unglücklich er doch mit seiner Frau oder Freundin ist und wie sehr er die Zeit mit Ihnen genießt - nun, warum hat er seine ach so unglückliche Beziehung dann nicht schon längst beendet?

Stellen Sie sich folgende Frage: „Wenn er seine Frau betrügt, wer garantiert mir, dass es mir nicht ähnlich ergeht, wenn ich eines Tages mit ihm liiert bin?"

Menschen verändern ihren Charakter nicht grundsätzlich. Vor allem dann nicht, wenn man ihre Verhaltensweisen toleriert. Wenn Sie sich auf einen verheirateten Mann einlassen, tun Sie genau das: Sie tolerieren, dass er seine Ehefrau betrügt.
Wenn Sie sich dann auch noch verständnisvoll und „geduldig" verhalten, zeigen Sie ihm damit eindeutig: „Ich finde es in Ordnung, wenn du fremdgehst, es ist auch in Ordnung, wenn du zwei Frauen gleichzeitig hast."

Es gibt ein altes Sprichwort, das da lautet:

„Es kommt immer alles zurück im Leben".

Oder: „Man erntet, was man sät".

In diesem Fall säen Sie Verständnis und Toleranz dafür, dass ein Mann seine Frau betrügt. Wundern Sie sich daher nicht, wenn er eines schönen Tages das Gleiche auch mit Ihnen tut - schließlich haben Sie es ja einst toleriert …

Im Grunde *werden* Sie schon die ganze Zeit über betrogen - er ist mit einer anderen Frau liiert, während er sich mit Ihnen schöne Stunden macht. Vielleicht denken Sie jetzt vielleicht, ich würde Ihnen eine „Moralpredigt" halten wollen. Nun, der moralische Standpunkt an dieser Stelle besagt relativ eindeutig:

Man lässt sich nicht auf verheiratete Männer ein. Moralische Argumente mögen manchem veraltet oder „verstaubt" vorkommen, allerdings ist die menschliche Moral in den meisten Fällen etwas, das uns vor Dingen bewahrt, die einfach nicht *funktionieren*.

Ich erinnere mich an ein Interview, das ich vor einigen Jahren im Fernsehen sah, in dem die berühmte Schauspielerin Joan Collins über die Rolle der Geliebten sprach. Sie wandte sich dem Publikum zu und sagte kurz und bündig:

„Meine Damen, lassen Sie es mich so klar wie möglich sagen: Er wird seine Frau nicht verlassen".

Das war keine Moralpredigt, sie drückte nur offen und ehrlich ihre eigenen Erfahrungen aus.

Wie bei allen Dingen im Leben gibt es natürlich auch hier Ausnahmen, aber die *meisten* Männer trennen sich nicht von Ihrer Ehefrau, um dann mit Ihrer Geliebten eine feste Beziehung einzugehen. Männer treffen eine solche Entscheidung rational und nicht emotional. Er

weiß, wie aufwändig eine Trennung ist, so mancher Mann ist durch eine Scheidung in den finanziellen Ruin getrieben worden. Wenn auch noch Kinder oder ein gemeinsames Haus auf dem Spiel stehen, bedeutet es ganz einfach einen zu großen Aufwand für ihn.

Auch wenn sie ihre Frau betrügen, um sich für kurze Zeit ihre Männlichkeit zu beweisen:
Die Bindung zu seiner Frau ist und bleibt -rational betrachtet- die bequemere Variante, als es die Bindung zu seiner Geliebten jemals sein könnte.

Sollten Sie also einem verheirateten Mann begegnen und er zeigt Interesse an Ihnen - fühlen Sie sich geschmeichelt und dann RENNEN Sie so weit weg wie nur irgend möglich.

Sie lassen sich nur auf einen Mann ein, der sich von einer Frau *zuerst* trennt und sich *dann* auf eine neue Beziehung einlässt. Sie sind sich ganz einfach zu schade dafür, das Trostpflaster einer unglücklichen Beziehung zu sein.

Denken Sie immer daran: Sie sind eine besondere Frau, Sie sind einzigartig. Und genau so verhalten Sie sich auch Männern gegenüber: Sie geben ihnen zu verstehen, dass Ihre Bekanntschaft etwas Exklusives ist und kein Zeitvertreib, während er verheiratet ist.

„Aber warum tut er das dann? Warum sagt er mir, dass er mich gerne hat? Warum hat er sich dann überhaupt auf mich eingelassen?"

Weil er ein MANN ist.

Ich weiß, wie unlogisch und widersinnig dieses Verhalten für eine

Frau ist, weil sie sich *selbst* nur dann auf einen Mann (längerfristig) einlässt, wenn sie ernste Absichten und ernste Emotionen hegt. Infolgedessen *müssen* bei ihm doch diese Emotionen da sein!

Und genau das ist der Denkfehler, der so viele Frauen von einem Drama in das nächste stürzen lässt - sie schließen aus ihrem eigenen, weiblichen Verhalten, dass sich ein Mann doch *genauso* verhalten müsste …

So ungerne ich Sie enttäusche, aber lassen Sie mich Ihnen bitte eines klar machen:

Wir Männer können, wenn sich die Chance dazu ergibt, eine sexuelle Beziehung zu einer oder auch mehreren Frauen haben und zwar ohne *tiefere* Emotionen dabei zu empfinden.

Darüber hinaus haben die Worte, die wir einer Frau gegenüber sagen, längst keine so große Bedeutung wie unsere Taten.

Um unsere Emotionen zu entfachen, müssen Sie sich im Grunde nur an einen Grundsatz halten:

Wir müssen spüren, dass Sie eine besondere Frau sind.

In dem Moment, in dem Sie sich zu unserer „Zweitfrau" erniedrigen, haben Sie sich aus der Kategorie „besondere Frau und potentielle Mutter meiner Kinder" selbst herauskatapultiert.

Das klingt unfair, vielleicht sogar gemein, aber so funktionieren Männer nun mal.

Was sollten Sie also tun, wenn Sie einen verheirateten Mann kennenlernen, sich gut mit ihm verstehen und er Interesse an Ihnen zeigt?

Sagen Sie in einem ruhigen und besonnenen Tonfall:
„Tut mir leid, mein Lieber, aber kümmere dich erst mal darum, Deine Beziehung mit Anstand zu beenden. Ich mag Dich wirklich, Du bedeutest mir auch etwas, aber ich lege auch Wert auf Respekt füreinander. Ich glaube nicht, dass Deine Frau es verdient hat, hintergangen zu werden. Zu einer unglücklichen Beziehung, wie Du sie beschreibst, gehören immer zwei. Wenn Du Dich erst einmal getrennt hast, können wir weitersehen, aber in dieser Situation kann und werde ich nichts mit dir anfangen."

Ich garantiere Ihnen, mit solch einem Statement werden Sie jeden Mann völlig entwaffnen. Sie beweisen ihm damit vor allem eines:

Sie haben Charakter.

Zum anderen geben Sie ihm die Chance, etwas für Sie zu riskieren: Nämlich aus dem vertrauten Nest seiner Beziehung auszusteigen, um Sie zu bekommen. Er muss ganz einfach etwas dafür *tun*, um in den Genuss Ihrer Gesellschaft zu kommen. Dadurch erhalten Sie ganz einfach eine ausgeglichene Machtposition. Warum sollten nur *Sie* etwas riskieren und Ihr Herz an einen Mann verlieren, der sich womöglich niemals scheiden lässt?

Eben …

Denken Sie immer an die Ausgeglichenheit der Machtposition, Sie riskieren etwas und er auch. So läuft das Spiel nun mal. Entweder er geht darauf ein oder eben nicht.

Wenn er das nicht tut - *vergessen Sie ihn und halten Sie nach einem Mann Ausschau, mit dem Sie glücklich werden können!*

Wenn er sich von seiner Frau „noch nicht trennen kann" (aus finanziellen oder sonstigen Gründen), dann garantiere ich Ihnen:
Er wird sich ohnehin nicht von ihr trennen.

Diese Einstellung einem verheirateten Mann gegenüber hat gleich zwei entscheidende Vorteile:
Erstens ersparen Sie sich damit einen Haufen Kummer. Von dem potentiellen Stress, den Sie mit seiner Ehefrau zukünftig haben werden, einer ungewollten Schwangerschaft oder ähnlichen Katastrophen einmal ganz abgesehen.
Und zweitens machen Sie ihm von Anfang an klar:

Sie sind etwas Besonderes - und eben nicht das naive Mädchen, das sich von ihm verführen lässt, um seine Männlichkeit zu bestätigen.

Sie sind keine Affäre, Sie sind eine besondere und einzigartige Frau. Vergessen Sie das niemals. Und wenn er Sie haben will, dann muss er etwas riskieren - nämlich die Ungewissheit, den sicheren Hafen seiner Beziehung zu verlassen.

Ich wünschte, ich könnte Ihnen hier eine Strategie verraten, mit der Sie ihn - ohne Komplikationen- bekämen und dann glücklich bis an Ihr Lebensende werden. Ich weiß auch sehr genau, wie schwer es ist, das Gefühl der Liebe aus dem Kopf und aus dem Herzen zu verbannen.

Aus all den Beobachtungen und Beratungen, die ich zu dieser Thematik machen konnte, geht allerdings klar hervor: Es ist tatsächlich nur ein verschwindend geringer Teil von verheirateten Männern, die sich wegen einer Geliebten von ihrer Frau trennen.

Es ist und bleibt ein Spiel mit dem Feuer, sich auf einen verheirateten Mann einzulassen. Und die Chancen, unbeschadet und vor allem glücklich aus diesem Feuer heraus zu gelangen, stehen extrem schlecht. Daher sollten Sie sich diesen Weg ersparen, der Sie mit großer Wahrscheinlichkeit geradewegs ins Unglück treibt.

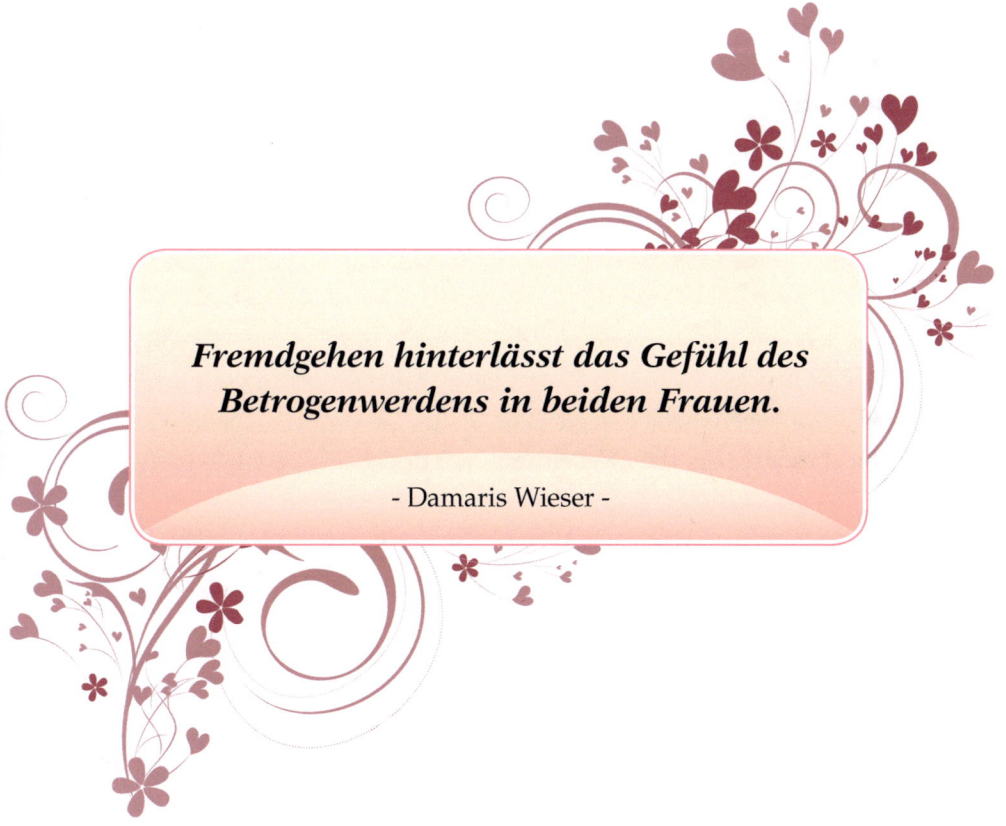

Fremdgehen hinterlässt das Gefühl des Betrogenwerdens in beiden Frauen.

- Damaris Wieser -

Was, wenn er zwischen zwei Frauen steht?

Was mache ich, wenn der Mann der mich interessiert, gleichzeitig eine andere kennengelernt hat, sich diese in ihn verliebt hat und er sich nun entscheiden muss.
Er sagt, er hätte eine Verantwortung für sie, er könne Sie nicht von heute auf morgen verlassen.

Er sagt aber auch, dass er sich mit mir blind versteht und dass er so etwas wie mit mir noch nicht gehabt hätte.

Kann es sein, dass er einfach noch Zeit braucht, um sich zu entscheiden? Wie kann ich ihn für mich gewinnen?

Gut, wir gehen also davon aus, dass er *nicht* mit der anderen verheiratet ist und auch keine feste und langjährige Beziehung mit ihr hat. Sie beide haben quasi den gleichen Status, Sie sind also nicht (wie oben beschrieben) die „Nebenfrau", mit der er sich heimlich trifft.

Sie möchten also wissen, wie man eine Konkurrentin aussticht. Wie man den leisen Triumph einheimsen kann, die „Bessere" zu sein.

Dazu sollten Sie sich über den schon erwähnten, grundsätzlichen Faktor im Klaren sein:
Männer genießen es unendlich, die Wahl zwischen zwei Frauen zu haben. Von zwei Frauen angehimmelt zu werden - es gibt nichts Schöneres im Leben eines Mannes.

Diese ganzen Erklärungen, dass er „Verantwortung für die andere hat" und dass er aber gleichzeitig „so etwas wie mit Ihnen noch nie gehabt hätte" sind nichts anderes, als diesen Zustand möglichst lange aufrecht zu erhalten.

Männer lassen sich alle erdenklichen Finessen einfallen, um möglichst lange in den Genuss zweier Frauen zu kommen. Lassen Sie sich nicht von diesen Erklärungen blenden.

Ich weiß, ich rücke meine Geschlechtsgenossen hier in kein gutes Licht. Verstehen Sie mich nicht falsch - das keine „Bösartigkeit" der Männer, sondern im Grunde ein nur allzu menschliches Bedürfnis: Wir genießen es ganz einfach, von mehreren Frauen begehrt zu werden.

Wie bewegt man einen Mann aber nun dazu, sich freiwillig aus diesem paradiesischen Zustand zu verabschieden und eine Entscheidung zu treffen - nämlich für *Sie*?

Dazu müssen wir einmal mehr einen kleinen Ausflug in die Psyche eines Mannes unternehmen:

Wenn ein Mann die Wahl zwischen zwei Frauen hat, wird er sich immer für die entscheiden, die er für *interessanter* hält.

Das mag sich soweit nicht gerade spektakulär anhören, aber dahinter verbirgt sich das ungeschriebene Geheimnis, wie Sie die Frau werden, die sich von allen anderen unterscheidet.

Was bedeutet das aber konkret, interessant zu sein?

Nun, das heißt nichts anderes, als dass Sie einem Mann Folgendes *niemals* zu verstehen geben sollten:

„Ich bin die Eine für dich, ich kann dich glücklich machen. Wenn du mich nimmst, wird es dir gut gehen. Nimm mich! Bitte!"

Würde ein Mann solche Liebesschwüre von sich geben, kann man relativ sicher sein, dass sich die Frau für ihn entscheidet. Je länger ein Mann um eine Frau kämpft, je länger er unter Beweis stellt, dass er der Richtige für sie ist, umso größer sind die Chancen, dass sie sich tatsächlich auf ihn einlässt. Und zwar dauerhaft. Diesen Gedankengang kann man allerdings auf Männer nicht übertragen.

Denn genau diesen Fehler begehen viele Frauen in solchen Situationen: Sie werfen sich ihm an den Hals, sie versuchen ihn mit Argumenten und liebevollem Verhalten davon zu überzeugen, dass

sie die bessere Wahl sind. Darüber hinaus überhäufen sie ihn mit Geschenken und wohlmeinenden Gesten. „Er *muss* doch sehen, wie viel er mir bedeutet, er muss mich der anderen vorziehen, schließlich liebe ich ihn mehr als die andere!"

Der Denkfehler dabei ist der, dass sich eine *Frau* in einer derartigen Situation, bei der es zwei Männer auf sie abgesehen haben, *meistens* für den Mann entscheidet, der ihr mehr Liebe entgegenbringt, der es „ernster" mit ihr meint. Schließlich ist mit dieser Entscheidung auch eine gemeinsame, möglichst sichere Zukunft verbunden.

Männer denken nicht so. Für Männer existiert das Kriterium „wie ernst meint sie es mit mir" nur am Rande. Das hat damit zu tun, dass sich Männer *emotional* nicht in die Zukunft begeben können. Ein Mann kann nicht abschätzen, wie Gefühle sich in der Zukunft der Beziehung entwickeln werden. Das kann ohnehin niemand wirklich, aber Männer stellen sich nicht einmal diese Frage.

Er trifft solche Entscheidungen aus dem Bauch heraus - er entscheidet sich danach, wie es sich *jetzt* anfühlt. Und zwar für *ihn selbst*. Die Ernsthaftigkeit der Gefühle seiner beiden „weiblichen Fans" spielen nur eine untergeordnete Rolle - so egoistisch das auch sein mag.

Ich rate Frauen immer wieder dazu, sich die schmachtenden Liebeslieder von männlichen Sängern anzuhören und aufmerksam auf die Texte zu achten. Je gefühlvoller und sehnsüchtiger diese Lieder sind, umso mehr geht es im Text darum, dass der liebestolle Troubadour davon erzählt, seine Frau *verloren zu haben*. Es reißt ihm das Herz heraus, denn *sie ist nicht mehr da*, sie hat sich gegen ihn entschieden.

Was aus diesen allgegenwärtigen versteckten Hinweisen auf die Männerpsyche hervorgeht, ist vor allem dies: Männliche Gefühle entwickeln sich dann am intensivsten, wenn die Angebetete *nicht mehr da ist*.

Wie aber können Sie sich diesen Faktor bei der Wahl zu seiner persönlichen „Misses Right" zunutze machen?

Ganz einfach: Indem Sie ihm *nicht* zu verstehen geben, dass Sie diejenige sind, die „alles für ihn tun würde". Im Gegenteil, sie sollten mit seiner Verlustangst spielen. Sie sollten sich ganz einfach *zurückziehen*. Sie sollten versuchen, sich *ab sofort* nur noch um *sich selbst* zu kümmern.

Dass Sie ihn mögen und sich etwas Festes mit vorstellen können, haben Sie ihm schon einmal signalisiert. Reiben Sie ihm das nicht immer wieder unter die Nase - das macht Sie schlicht und ergreifend uninteressant. Warum? Weil er weiß, dass er Sie jederzeit haben könnte, Sie machen sich ihm mit diesem Verhalten „jederzeit verfügbar". Es gibt nichts Langweiligeres für einen Mann, als eine Frau immer und jederzeit haben zu können - ohne auch nur einen Finger dafür rühren zu müssen.

Arbeiten Sie auch nicht mit einem Ultimatum oder ähnlichem Unsinn, der ihn unter Druck setzt. Druck oder Zugzwang verwandeln vorhandene Emotionen immer in Stress. Ein Mann wird sich kaum freiwillig für eine Frau entscheiden, die Stress in ihm auslöst. Und wenn doch, sind die Tage einer solchen Beziehung meistens schon zu Beginn gezählt.

Stattdessen sollten Sie sich innerlich von der Idee verabschieden, ihn „haben zu wollen". Überlassen Sie *ihm* ganz und gar die Entscheidung. Je weniger Druck Sie der Sache hinzufügen, je weniger Sie ihm zu verstehen geben, dass Sie ihn „haben wollen", umso mehr wird er geneigt sein, Sie tatsächlich als die Bessere zu sehen. Und zwar aus dem einfach Grund:

Weil Sie ihm die Freiheit geben, selbst zu entscheiden.

Sie wissen ja, wie wichtig Männern ihre berühmt-berüchtigte Freiheit ist. Nun, Sie sind von Anfang an die, die ihm diese Freiheit gewährt. Zusätzlich sind Sie eine Frau, die sich ihm nicht „anbietet", alleine das erhöht Ihren Wert in seinen Augen ungemein!

Anstatt sich ihm „feilzubieten", sollten Sie sich der mächtigsten weiblichen Waffe schlechthin bedienen, der kaum ein Mann widerstehen kann:

Sie müssen sich anders verhalten, als er es erwartet

Dazu möchte ich Ihnen von einem faszinierenden Experiment berichten, das an einer amerikanischen Universität durchgeführt wurde:

In diesem Experiment saß eine Ratte in einem Käfig mit drei verschiedenen Röhrchen, aus denen Futter herauskam, wenn die Ratte auf einen Hebel drückte.
Bei der ersten Röhre kam jeweils ein Stück Futter pro gedrückten Knopf heraus. Bei der zweiten Röhre kam gar nichts heraus, und bei der dritten Röhre kam in bestimmten Abständen ein Futterstück heraus, dann eine ganze Weile Garnichts, dann kamen drei Stücke heraus, dann wieder eine lange Zeit nichts. Die dritte Röhre hatte keine Systematik.

Erstaunlicherweise hielt sich die Ratte nur vor der dritten Röhre auf und versuchte Tag und Nacht, irgendwann abgemagert und nervös, immer wieder den Knopf der dritten Röhre zu drücken - obwohl sie wusste, dass bei der ersten Röhre zuverlässig immer genau ein Futterbrocken herauskam.

Sie gab Ihren überlebenswichtigen Instinkt -Essen und Schlafen- dafür auf, der Logik der dritten Röhre auf die Schliche zu kommen.

Es gab aber keine Logik - die dritte Röhre war willkürlich von einem Versuchsbetreuer gesteuert worden.

Die Wissenschaftler leiteten aus diesem Experiment ab, dass der Antrieb der Ratte, etwas *verstehen zu wollen*, eine Logik darin erkennen zu können, größer ist, als der Trieb zu schlafen oder zu essen.

Ratten sind uns Menschen in vielen Verhaltensweisen ähnlicher als wir glauben...

Nun stellen Sie sich für einen kurzen Moment vor, Sie wären ein Mann. (auch wenn ich Sie damit ein wenig überfordern mag)

Sie lernen drei Frauen kennen: Die erste ist eine fürsorgliche, stets hilfsbereite Dame, die alles dafür tut, um Ihnen zu gefallen und Ihnen eine gute Zeit zu bescheren. Sie würde *alles* für Sie tun. Allerdings ist sie auch anhänglich, sie ruft ständig an, um zu erfahren, wie es Ihnen geht und wo sie sind.

Die zweite ist eine ausgesprochene Schönheit, sie ist aber auch unnahbar, leicht unterkühlt. Und wenn es darum geht, etwas mit ihr zu erleben, bekommt sie regelmäßig Migräneanfälle. Sie ist bildhübsch, aber viel Spaß oder Abwechslung ist mit ihr nicht zu erwarten.

Jede der beiden können Sie einer bestimmten Kategorie zuordnen. Sie wissen, was Sie erwartet.

Bei der dritten allerdings wissen Sie gar nichts mehr. Einmal flirtet Sie mit Ihnen und gibt Ihnen das Gefühl, als wäre sie interessiert an Ihnen, das andere Mal ist sie wieder völlig kalt und abweisend.

Einmal ist sie das zutrauliche Schmusekätzchen, am anderen Tag ist sie die Eisprinzessin, die niemanden an sich heran lässt.

Sie können sie einfach nicht einschätzen, sie wissen nicht, was in ihr vorgeht. Es gibt keine Logik, kein System. Sie sind irritiert, gleichzeitig aber auch fasziniert von ihr. Und das, weil sie einfach *nicht das tut, was Sie erwarten.*

Tag und Nacht denken sie über sie nach „Wie tickt diese Frau? Was geht in ihr vor?"

Sie wissen nur eines: Diese Frau hat Ihren Verstand vernebelt, Sie können Sie nicht mehr vergessen.

Was glauben Sie, für welche der Drei würden Sie sich -als Mann- am meisten interessieren?

Vielleicht kennen Sie dieses Phänomen ja auch längst aus eigener Erfahrung, nämlich umgekehrt: Der Mann, der Ihnen einfach nicht mehr aus dem Kopf geht, hat vor allem diese eine „magische" Eigenschaft:

Sie verstehen ihn einfach nicht. Sie können nicht einschätzen, was in seinem Kopf vorgeht.

Wir Menschen sind vor allem von den Dingen fasziniert, die wir nicht auf Anhieb begreifen können. Die uns ein gewisses Rätsel aufgeben.

Und genau diese menschliche Eigenschaft können Sie sich in der Anfangsphase einer Beziehung, in der sich ein Mann unentschlossen verhält, zunutze machen.

Sie ist der Zaubertrank, der Männern den Kopf verdreht.

Sollten Sie spüren, wie Sie ihn langsam auf Ihre Seite ziehen (weil Ihre Rivalin ihm immer mehr auf zuleibe rückt und er sich gleichzeitig immer öfter fragt, was Sie wohl gerade machen), machen Sie sich keine Sorgen, sondern gehen Sie ganz und gar nach den Schritten vor, die im Buch „Wie gewinne ich das Herz eines Mannes" ab Seite 168 beschrieben sind. Diese Strategien sind deshalb so mächtig, weil Sie ihm damit schlicht und einfach den Verstand rauben.

Das Geniale dabei:
Vordergründig lassen Sie ihm damit die völlig freie Wahl, Sie engen ihn weder ein, noch setzen Sie ihn unter Druck. In Wahrheit allerdings hat er diese Wahl überhaupt nicht - er *muss* sich ganz einfach für Sie entscheiden. Schließlich sind Sie diejenige, die bei ihm von Anfang an die richtigen Schalter betätigt.

Allerdings sollten Sie auf jeden Fall ihm unmissverständlich klar machen, dass Sie nicht die „zweite Frau" spielen werden.

Drei sind ganz einfach einer zu viel …

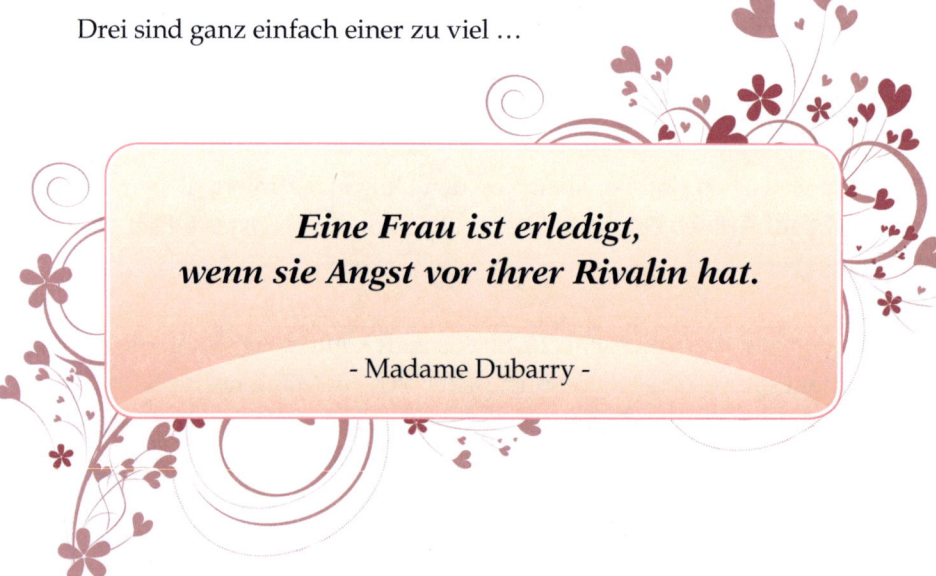

Eine Frau ist erledigt,
wenn sie Angst vor ihrer Rivalin hat.

- Madame Dubarry -

Ein Beispiel aus der Praxis

Email einer Leserin:

Hallo Christian,

ich habe sehr interessiert das Buch gelesen. Fast alle Dinge mache ich wohl richtig aber es gibt eine Randbedingung, die mich verzweifeln lässt. Vielleicht kannst Du mir da noch weiterhelfen?

Es geht um einen Mann, mit dem ich zusammen arbeite. Er ist mein absoluter Traummann (auf ihn habe ich mein ganzes Leben gewartet). Ich bin davon überzeugt, dass auch ich seine Traumfrau bin. Allerdings hat er seit einem halben Jahr eine Freundin. Sie ist das genaue Gegenteil von mir, sie klammert, ruft ihn ständig an.

Bis vor Kurzem war er mein direkter Vorgesetzter, in den letzten 1 ½ Jahren haben wir sogar ein Büro geteilt. Wir kennen uns also bestens ;-) Meine Kollegin meint sogar, wir würden perfekt zusammen passen. Er kennt meine Gefühle bereits, aber ich denke, er ist zu schüchtern, um etwas zu unternehmen. Ich glaube, er ist einfach zu verunsichert, um sich von seiner Freundin zu trennen und sich auf mich einzulassen.

Bald bezieht er das Büro schräg gegenüber. Ich habe keine Ahnung, wie ich mich verhalten soll.

Wahrscheinlich sollte ich ihn einfach alleine im Büro „überfallen" und einfach Tatsachen schaffen, da er ansonsten wohl zu schüchtern sein wird ...

Vielleicht hast Du einen Rat für mich?

Ich bin so ungeduldig.

Viele Grüße

Verena (Name geändert)

_____

Meine Antwort:

Hallo Verena,

ich möchte Dir eine Sache unmissverständlich klar machen:

ER hat viel weniger zu verlieren, als Du - das muss Dir zuerst einmal klar sein.
Ein Mann trennt sich nur ungerne von seiner Freundin (auch wenn sie klammert, und all die negativen Eigenschaften hat).

Das ist Fakt.

Und das macht er aus BEQUEMLICHKEIT und aus dem Faktor des schlechten Gewissens ihr gegenüber ...

Die Frage ist nun: Wie reißt Du ihn aus seiner Bequemlichkeit heraus? Und wie vermeidest Du, dass er seiner Freundin gegenüber ein schlechtes Gewissen hat?

Grundsätzlich bin ich immer gegen solche Aktionen - einen Mann aus einer bestehenden Beziehung heraus zu reißen. Nicht zuletzt deshalb, weil er auch eine Zeitlang brauchen wird, um sie erst einmal zu verarbeiten.

Aber gut, natürlich gibt es einen Weg, der Dich in Deinen Plänen unterstützen kann, und zwar so, dass keine Komplikationen entstehen.

Überfall ihn AUF KEINEN FALL in seinem Büro und gestehe ihm AUF KEINEN FALL Deine Gefühle - egal wie schüchtern er ist.

Er ist im Übrigen gar nicht so schüchtern, wie es Dir vorkommen mag, er sieht SEHR GENAU, was da vor sich geht.

Aber:
ER ist in der machtvolleren Position, da er im Grunde nichts zu verlieren hat. Er IST bereits in einer Beziehung, somit handelt er aus der sicheren Position des „Beziehungshafens" heraus. Diese Situation bringt Dich von Anfang an in eine „untergebene" Lage. Auch wenn es nicht so aussieht: Er ist emotional auf der sicheren Seite und hat somit WENIGER zu verlieren als Du.

Männer in bestehenden Beziehungen sind im Grunde schon „versorgt". Sie stehen unter keinerlei Druck, eine Frau für sich finden zu müssen. Auch wenn diese Beziehung ihn nicht glücklich macht - sie bietet ihm trotzdem eine gewisse Stabilität im Leben.

Vermutlich üben vergebene Männer deshalb auch einen besonderen Reiz auf Frauen aus - Sie sind emotional ganz einfach ausgeglichener als Singles. Auch wenn sie noch so sehr beteuern, wie unglücklich sie doch eigentlich mit ihrer Partnerin sind. Nur - verlassen werden sie sie so schnell nicht …
Auf jeden Fall ist das ist keine gute Ausgangslage für Dich!

Daher solltest Du folgende Strategie anwenden:

Er soll gar nicht so genau wissen, wie Du ihm gegenüber fühlst oder denkst, Du musst ihn auf jeden Fall im Ungewissen halten!

Necke ihn ab und zu spielerisch, flirte mit ihm - aber nur soweit, dass der Eindruck entsteht, als dass er maximal AHNT, dass Du auf ihn stehst, aber sich dessen niemals sicher sein kann!

DU musst auf jeden Fall als eine Frau agieren, die es grundsätzlich nicht nötig hat - auch wenn Du Dich noch so sehr nach ihm verzehrst! Ja, Du magst ihn, Du empfindest Sympathie für ihn. Das zeigst Du ihm auch.

An einem anderen Tag gibst Du Dich allerdings wieder völlig nüchtern und sachlich, fast schon desinteressiert.

Lass ihn auf jeden Fall im Ungewissen, flirte den einen Tag ein wenig mit ihm, den anderen gibst Du Dich wieder völlig professionell-beruflich und neutral.

Bring ihn durcheinander!

Der Reiz einer Frau besteht zu 90% darin, dass ein Mann NICHT WEISS, was Sie von ihm hält. Er muss denken: „Sie KÖNNTE auf mich stehen, aber ich habe keinen Schimmer, ob Sie es auch tatsächlich tut. Sie bringt mich völlig durcheinander!"

Diese zwei Komponenten brauchst Du, um einen Mann um den Verstand zu bringen:

1. Flirte aktiv mit ihm. Das heißt: Gib ihm zu verstehen, dass Du ihn interessant findest. Das ist wichtig: Du findest ihn INTERESSANT, nicht mehr und nicht weniger - Du bist ihm nicht völlig verfallen. Nur dadurch bekommst Du einen Mann aus seiner „Höhle" heraus. Denn im Normalfall weiß er schlicht und einfach nicht, was Frauen um ihn herum denken oder empfinden. Die Tatsache, dass Du ihn interessant findest, lässt ihn schon hellwach werden.

2. Sobald er merkt, dass Interesse und Sympathie vorhanden sind, gibst Du Dich sehr beschäftigt, professionell. Du musst so tun, als wäre es völlig normal, dass Dir die Männer hinterherlaufen. Du lässt Dich nur eben nicht auf jeden ein. DU bist diejenige, die sich ihren Mann aussucht.

   Davon abgesehen ist Dein Leben auch OHNE Partner schon sehr erfüllend - Du BRAUCHST im Grunde keinen Partner. Natürlich wünschst Du Dir einen, wie die meisten von uns, aber Du BRAUCHST ihn nicht, um zufrieden durchs Leben zu gehen.

Vertrau mir, genau diese Einstellung wirkt absolut unwiderstehlich auf einen Mann.

Lies auch bitte nochmal die einzelnen Schritte im Buch „Wie gewinne ich das Herz eines Mannes", vor allem das Kapitel „Die tiefere Ebene der Anziehung".
Halte Dich an die einzelnen Schritte - sie funktionieren tatsächlich! Das haben mir Hunderte Frauen, die in einer ähnlichen Lage waren, bestätigt.

Nur so kannst Du ihn langsam auf Deine Seite zerren ...

Ein plötzliches Herausplatzen mit der Wahrheit (dass Du auf ihn stehst) nimmt der ganzen Sache zum einen den Reiz, zum anderen steht auch eine berufliche Zusammenarbeit auf dem Spiel.

Diese steht nur dann nicht auf dem Spiel, wenn die Initiative von IHM ausgeht. ER muss über seinen Schatten springen und nicht DU.

Denke immer daran, ER muss Dich z.B. zu einem Kaffee einladen, ER muss Dich um ein privates Treffen bitten. Und nicht umgekehrt!

Deine „Aufgabe" besteht nur darin, ihm Dein Interesse zu zeigen - und zwar auf die Art, dass er denkt, „sie KÖNNTE tatsächlich etwas von mir wollen - auf jeden Fall scheint sie eine ganz besondere und einzigartige Frau zu sein, ich will sie näher kennenlernen!"

Mach es clever, mach es wie eine Schlange - er merkt gar nicht, wie Du ihn umschlingst, aber er ist schon voll und ganz von Dir eingenommen.

Spiele mit seiner Fantasie! Er darf sich niemals SICHER sein, dass Du ihn magst, er muss es sich lediglich VORSTELLEN können. Du gibst ihm hin und wieder ein Appetit-Häppchen, indem Du mit ihm flirtest. Unverbindlich, spielerisch, elegant. Und am nächsten Tag entziehst Du ihm wieder jede Aufmerksamkeit und gibst Dich völlig desinteressiert.

Mit genau diesem Verhalten bringst Du einen Mann völlig um den Verstand. Männer haben einen enormen Antrieb, die Dinge um Sie herum VERSTEHEN zu wollen.

Ganze Heerscharen von (hauptsächlich männlichen) Wissenschaftlern, Erfindern, Forschern usw. widmen ihre gesamte Leidenschaft einer Sache, die sie begreifen wollen. Und zwar deshalb, weil Sie durch das Verständnis die Kontrolle darüber gewinnen können. Solange sie etwas nicht kontrollieren können, werden sie alles dafür aufwenden, diese Sache sowohl zu verstehen, als auch zu kontrollieren.

Und genau diesen Faktor kannst Du Dir zunutze machen:

Verhalte Dich unkontrollierbar, unvorhersehbar. Aber gebe ihm gleichzeitig das Gefühl, dass er Dich haben KÖNNTE. Und das lässt in ihm den tiefen Wunsch aufkommen, Dich verstehen zu wollen. Mit anderen Worten - er beginnt, ernsthaft über Dich nachzudenken. Und dadurch entsteht früher oder später Leidenschaft in ihm - ohne dass er eigentlich weiß, wie ihm geschieht.

Denke daran: Attraktivität und Anziehung ist immer etwas Irrationales, etwas, das ein Mann im Grunde nicht versteht. Er weiß nicht, WARUM er sich zu einer Frau hingezogen fühlt. Er spürt nur dieses große Verlangen in sich, diese Frau haben zu wollen. Dieses Verlangen setzt dann in einem Mann ein, wenn Du es schaffst, seinen Verstand AUSZUSCHALTEN.

Seinen Verstand schaltest Du aus, indem Du ihn durcheinanderbringst. Das ist die Grundvoraussetzung dafür, dass in ihm der Wunsch entsteht, Dich VERSTEHEN zu wollen. Für diesen Wunsch können Männer eine unglaubliche Leidenschaft entwickeln - sprich, er entwickelt Leidenschaft für DICH, schließlich bist Du der Auslöser des Ganzen.

So einfach ist es im Grunde, einem Mann den Verstand zu vernebeln!

Du glaubst gar nicht, wie viel Macht Ihr Frauen in Wahrheit über uns habt ...

Ihr müsst Euch dieser Macht nur BEWUSST sein und sie dann clever einsetzen - und zwar indem ihr uns durcheinanderbringt!

Zum Schluss:
Ungeduld in solchen Dingen ist übrigens Dein größter Feind. Du musst warten können, Du musst den längeren Atem haben. Einen Mann verrückt nach Dir zu machen, ist wie ein schleichendes Gift - es wirkt eher langsam, über Wochen und Monate hinweg.
Das „Gift", mit dem Du ihn verzauberst, besteht im Grunde darin, ihm ein kleines Stück von Dir (Aufmerksamkeit, Sympathie, Flirt) zu geben und es ihm dann wieder zu nehmen. Ein Schritt vor, zwei Schritte zurück.

Einen Mann von heute auf morgen „vergiften" - pardon, verzaubern - zu wollen, funktioniert nicht.

Daher ist das, was Du am meisten trainieren musst: Deine Geduld.

Sieh es wie ein Spiel, hab' Spaß dabei! Und lass Dich niemals von Deiner Sehnsucht beherrschen. Deinen Fantasien kannst Du dann freien Lauf lassen, wenn er unsterblich in Dich verliebt ist. Bis dahin aber heißt es:

GEDULD!

Viele Grüße, Christian

Fernbeziehungen

Wie wendet man Ihre Regeln bei Fernbeziehungen an?

Das Verbringen von gemeinsamer Freizeit prägt ja die erste Zeit des Kennenlernens. Früher war ich der Ansicht, dass wenn sich Frau zunächst nur gelegentlich meldet, der Mann denkt, sie hätte auch kein richtiges Interesse an ihm.

Wie sollte man in dieser Art Beziehung, sowohl Fern-, - als auch Wochenendbeziehung, am besten verhalten?

Dieses Statement birgt einen der größten Denkfehler, den viele Frauen begehen: „Wenn Frau sich nur gelegentlich meldet, denkt Mann, sie hätte kein weiteres Interesse an ihm."

Die Wahrheit ist:
„Wenn Frau sich nur gelegentlich meldet, bekommt Mann dadurch enormes Interesse!"

Was „Fernbeziehungen" angeht, haben Sie nicht ganz unrecht - die „Regeln" lassen sich dabei natürlich nur bedingt anwenden. Allein aufgrund der mangelnden örtlichen Nähe neigt man (und vor allem auch Frau) dazu, diese mangelnde Nähe durch viele Telefonate, SMS usw. zu kompensieren. Würde man sich auf Entfernung nur „rarmachen", bestünde die Gefahr, dass es womöglich sehr schnell einschläft.

Soweit die allgemeine Meinung bzw. die naheliegenden Schlüsse zu diesem Thema.

ABER:

Auch bei Fernbeziehungen - und ganz allgemein in der Liebe zwischen Mann und Frau - geht es darum, bei SICH SELBST zu bleiben. Ich meine nicht örtlich oder physisch, sondern eben geistig und emotional. Nur wer die Kunst beherrscht und „bei sich selbst bleibt", ist auch auf Dauer attraktiv für den Anderen.

Vielleicht haben Sie es schon mal am eigenen Leib erfahren: Je mehr sich ein Mann um sich selbst, um seine Freundschaften, um seine Hobbys usw. kümmert und je weniger er sich an die Beziehung zu Ihnen klammert, umso interessanter und begehrenswerter wird er für Sie.

Nun, Männern geht es ganz genau so: Je weniger Sie sich mit Gedanken an ihn beschäftigen, je weniger Sie sich an ihn klammern, umso mehr wird er sich für Sie interessieren.

Bei den im Buch beschriebenen Regeln und Verhaltensweisen geht es NICHT darum, den Mann „an der Nase herumzuführen" und nur permanent so zu TUN, als sei man (Frau) ja ach so beschäftigt und hätte den Mann gar nicht „nötig". Es geht darum TATSÄCHLICH mehr Eigensinn zu entwickeln - aber eben nicht im egoistischen Sinn à la „Die anderen sind mir alle egal" (obwohl das paradoxerweise mitunter SEHR attraktiv auf Männer wirken kann), sondern um den sogenannten „gesunden Egoismus".

Dieser gesunde Egoismus ist eine Selbstzentriertheit, eine Einstellung, bei der man die eigenen Interessen niemals zugunsten eines anderen Menschen aufgibt.

Und genau das lässt sich in Fernbeziehungen realisieren - gerade auch in Fernbeziehungen. Warum? Weil man gerade dann, wenn sich der Partner kilometerweit entfernt aufhält, dazu tendiert, sich permanent Gedanken darüber zu machen, was der andere nun von einem denken mag, wo er wohl gerade ist, was er macht.

Und genau DAS sollten Sie eben NICHT tun - sondern bei sich selbst bleiben.

Das ist leichter gesagt, als getan, richtig?

Hier sind ein paar praktische Regeln für Fernbeziehungen:

Männer neigen oft dazu, sich ihre neue Freundin „nach Hause liefern zu lassen". Sie wohnen beispielsweise in München, er wohnt in Hamburg. Weil er Sie sehen möchte, kauft er Ihnen ein Ticket nach Hamburg, das ihn auch einiges kostet. Sie werden denken „Ich scheine ihm wirklich etwas zu bedeuten, er bezahlt einen Haufen Geld, um mich sehen zu können!"

So großzügig diese Geste auch aussehen mag, bei genauer Betrachtung kann man daran erkennen - er macht sich nicht die Mühe, zu Ihnen zu fahren. Stattdessen lässt er Sie wie eine „bestellte Pizza" zu sich nach Hause liefern, um Sie dort in aller Bequemlichkeit verspeisen zu können.

Kein guter Anfang.

Denken Sie daran, ein Mann will etwas dafür tun, um mit Ihnen Zeit zu verbringen, er will eine Leistung erbringen. Welche Anstrengung bedeutet es für ihn, ein paar Euros für ein Ticket zu bezahlen? Welche Anstrengung ist es dagegen, den Stress einer mehrstündigen Reise auf sich zu nehmen? Eben…

Er sollte sich von Anfang an die Frage stellen: „Was hält sie wohl von mir, ob ich ihr etwas bedeute?" Er muss rätseln, er muss das Gefühl haben, als würde er nicht einschätzen können, was sie konkret von ihm wollen.

Und, ganz wichtig:

Er muss *Sie* besuchen kommen. Zumindest am Anfang muss *er* diese Anstrengung auf sich nehmen. Vergessen Sie nicht: Er ist der Jäger. Er muss etwas dafür *tun*, um in den Genuss Ihrer Gesellschaft zu kommen. Ein Reh läuft schließlich auch nicht zum Jäger, legt sich ihm zu Füßen und bittet ihn darum, von ihm erlegt zu werden. Ein etwas makaberer Vergleich, aber Männer funktionieren nun mal so.

Genauso sollten Sie ihn am Anfang der Beziehung auf keinen Fall bei sich in der Wohnung schlafen lassen. Er sollte sich ein Hotel suchen und Sie nicht als ein nettes Domizil für einen Kururlaub - mit der Option auf Sex - wahrnehmen. Es ist etwas Besonderes, Zeit mit Ihnen zu verbringen und keine Selbstverständlichkeit. Sie sind eine Frau, für die die er sich ins Zeug legen muss, Sie sind keine Pension mit Frühstück!

Wenn er dann zu Ihnen kommt, sollte er bei seiner Abreise das Gefühl haben, er hätte nicht genug von Ihnen bekommen, sondern zu wenig. Verbringen Sie nicht Tag und Nacht mit ihm, sondern unternehmen Sie dennoch etwas mit Ihren Freunden. In der Zeit muss er eben etwas auf eigene Faust unternehmen.

„Leider bin ich heute Abend schon verabredet, dieser Termin steht schon seit Monaten. Aber morgen können wir ja vielleicht zusammen frühstücken gehen."

Ich weiß, das ist nicht unbedingt „nett", aber nette Frauen sind für einen Mann alles andere als aufregend.

Sie müssen in der Anfangsphase einer Fernbeziehung in einem Mann einen gewissen „Hunger" zurücklassen, er sollte nach drei Tagen in Ihrer Stadt das Gefühl haben, er wäre einfach nicht satt geworden. Das Gefühl des immer größer werdenden Hungers auf Sie lösen Sie in einem Mann aus, indem Sie ihm grundsätzlich etwas weniger von Ihnen präsentieren, als er möchte.

„Weniger ist mehr" - dieser Satz trifft nirgendwo mehr zu, als in der ersten Phase einer Fernbeziehung.

In der späteren Phase, wenn er schwer verliebt in Sie ist und sich die Beziehung langsam festigt, sollten Sie auf folgende Dinge achten:

Werden Sie auch dann nicht zur „Selbstverständlichkeit", die jederzeit abrufbar ist. Kümmern Sie sich mehr um sich selbst, als um Ihre Beziehung. Bleiben Sie Ihren Hobbys treu und versuchen Sie stets, glücklich und zufrieden zu sein - unabhängig von der Beziehung.

Was das Fremdgehen angeht - keine Sorge. Mehrere Studien haben mittlerweile belegt, dass in Fernbeziehungen sogar *weniger* Seitensprünge begangen werden. Seltsam, aber wahr:
Die Entfernung scheint eine Beziehung eher zu fördern, als ihr zu schaden.

Allerdings: Rund sechzig Prozent der „Liebes-Pendler" würden ein gemeinsames Zuhause vorziehen. Schließlich ist der ewige, ungestillte Hunger nach dem Anderen auf Dauer eher unbefriedigend.

Statistisch gesehen dauern Fernbeziehungen im Schnitt zwei Jahre. Danach ziehen die Liebenden entweder zusammen oder sie trennen sich. Daher sollten Sie sich in genau diesen zwei Jahren nicht dem Gefühl hingeben, dass Sie ohne den anderen nicht mehr leben könnten. Im Gegenteil - Sie leben sehr gut ohne ihn, und wenn er Sie besuchen kommt, dann wird das Leben einfach noch ein wenig schöner!

Das eigentliche Problem mit uns Männern ist:

Sobald wir uns bei einer Frau emotional wohlfühlen, tendieren wir dazu, zu gehen - und zwar solange, bis wir uns wieder einsam fühlen.

Erst wenn er Sie vermisst, wachsen auch der Wunsch und das Verlangen in ihm, Sie wiederzusehen. Das kommt Ihnen seltsam vor, ich weiß. Aber genau das ist der wohl bedeutendste Unterschied zwischen Mann und Frau. Wenn Frauen sich gefühlsmäßig wohl bei einem Mann fühlen, wollen sie ihn öfter sehen, sie wollen mehr davon. Und eben dieses weibliche Verhalten missverstehen Männer meist als Unselbstständigkeit und Schwäche.

Daher sollten Sie gerade in Fernbeziehungen darauf achten, sich eine gewisse gefühlsmäßige Eigenständigkeit zu bewahren. Versuchen Sie, Ihre emotionalen und sozialen Bedürfnisse auch bei Ihren Freunden und Ihrer Familie zu stillen und sie nicht ausschließlich von Ihrem Partner erfüllt zu bekommen. Stillen Sie Ihren Hunger nach Nähe und Geborgenheit nicht nur bei Ihrem Mann, sondern suchen Sie nach Ausgleich. Denn so erfüllend und schön eine Beziehung sein kann - sie werden mir recht geben, dass Sie nicht alles im Leben ist. Denn wenn ausschließlich die Partnerschaft mit einem Mann das ist, was Ihnen Erfüllung gibt, tun Sie etwas sehr Unkluges: Sie machen sich von einem einzigen Menschen abhängig.

Stattdessen sollten Sie alles dafür tun, um ein erfülltes und ausgeglichenes Leben zu haben. Und dann genießen Sie Ihr Leben an den Tagen mit Ihrem Partner einfach noch ein bisschen mehr. Geteiltes Glück ist doppeltes Glück!

Durch genau diese Einstellung lösen Sie in einem Mann das Gefühl aus, dass er es kaum erwarten kann, Sie bald wieder zu sehen. Er wird Sie öfter anrufen, als Sie es sich insgeheim wünschen. Denn er ist einer besonderen Frau begegnet, nach der er regelrecht süchtig wird.

Dem Ganzen liegt ein simples Prinzip zugrunde, das Sie sich gerade in Fernbeziehungen zunutze machen können:

Männer probieren alles aus, bevor sie es haben wollen. Frauen wollen alles haben, damit sie es ausprobieren können.

- Harold Pinter -

Was ist mit Männern,
die man schon länger kennt?

Was ist, wenn ich mit einem männlichen Freund etwas angefangen habe?
Ich kenne ihn schon einige Zeit und nun hat es sich ergeben, dass wir immer mal Unternehmungen zusammen machen. Es fühlt sich alles sehr gut an, auch irgendwie vertraut - da ich ihn schon über ein Jahr kenne.

Wie ist es mit Ihren „Regeln" aus Ihrem Buch?
Man kann diese Regeln doch schlecht anwenden, wenn man den Mann schon länger kennt?

Um das Wichtigste bei der Konstellation „Freundschaft mit Sex" vorwegzunehmen:

Männer haben im Normalfall kein Problem damit, eine Frau als „Kumpel" wahrzunehmen und Sie gleichzeitig als eine willkommene Möglichkeit für unverbindlichen Sex zu sehen. Der Freundschaftsfaktor ist für einen Mann oft sogar eine Art Garantie dafür, dass diese Art von „zusätzlichem Bonus" keine Konsequenzen nach sich zieht - sprich, ein Mann wird das nicht zwangsläufig als eine beginnende Beziehung interpretieren.

Nicht umsonst gibt es den bekannten Ausspruch „Sex zerstört jede Freundschaft".

Und warum ist das so? Weil meistens einer der Beteiligten beginnt, ernste Gefühle dabei zu entwickeln, während der andere es nach wie vor als Freundschaft empfindet.

Ich kenne persönlich einige Männer, die - teilweise schon seit Jahren - eine „Freundschaft mit Zusatzleistungen" mit einer Frau haben, dennoch aber steif und fest behaupten „Wir sind ja nur Freunde, wir sind nicht zusammen."
Dass die Frau von dieser Situation nicht gerade begeistert ist, muss ich wohl nicht weiter erwähnen.

Um erst gar nicht in einer solch unwürdigen Schublade zu landen, sollten Sie zuerst einmal darauf achten, was er tatsächlich für Sie empfindet - und zwar *bevor* Sie sich in die Horizontale mit ihm begeben.

Woran erkennen Sie aber, dass ein Freund mehr für Sie empfindet?

Hier sind einige sehr eindeutige Hinweise:

- Er findet permanent Anlässe, um Zeit mit Ihnen zu verbringen, benutzt aber vorgeschobene Gründe dafür - er sagt Ihnen nicht *direkt*, dass er gerne in Ihrer Nähe ist. Er kommt Sie besuchen „weil Sie die gemütlichere Wohnung haben", er kreuzt öfters vor Ihrem Büro mit irgendwelchen „wichtigen Unterlagen" auf, er sucht nach Ihrer Nähe - tut aber gleichzeitig so, als wäre das nicht beabsichtigt (Männer, die ernste Absichten hegen, sind extrem *verunsichert* - er will krampfhaft den Eindruck erwecken, als wäre sein Interesse an Ihnen längst nicht so groß, als es den Anschein hat).

- Er redet in Ihrer Anwesenheit *nicht* von anderen Frauen, für die er sich eventuell auch interessiert. Auch wenn sich andere Frauen um ihn bemühen - er erwähnt sie Ihnen gegenüber nicht (schließlich will er Ihnen das Gefühl der Exklusivität geben).

- Er stellt Ihnen Fragen zu *Ihrem* Liebesleben und zeigt sich erstaunlich neugierig, welche anderen Männer es in Ihrem Leben gibt, welcher Typ Mann Ihnen am besten gefällt usw. (damit macht er sich ein Bild über seine Konkurrenz).

- Sollte es andere Männer geben, mit denen Sie sich treffen, äußert er sich abwertend über sie oder behauptet, Sie hätten einen besseren verdient (Konkurrenten werden gnadenlos niedergemacht, um sich selbst in besseres Licht zu rücken).

- Er bietet Ihnen seine *Hilfe* an. Er repariert Ihren PC, er hilft Ihnen beim Umzug, er ist immer da, wenn Sie ihn brauchen - zur Not auch mitten in der Nacht (damit demonstriert er Ihnen, welch „gute Partie" er doch eigentlich ist).

- Er schaut Ihnen nach, wenn Sie sich von ihm verabschieden, er blickt Sie an, während Sie in eine andere Richtung schauen (das machen Männer einfach, wenn Sie sich in eine Frau verschossen haben).

Wenn Sie keines dieser Anzeichen an ihm erkennen können, dann ist sehr klar:
Er sieht Sie als eine Art Schwester, die man in „Frauen-Angelegenheiten" befragen kann. Genauso wird er Ihnen von seinen Frauenproblemen erzählen, ganz einfach weil er mit einer Frau darüber

sprechen möchte. Er versucht *nicht* Sie damit eifersüchtig zu machen, sondern will tatsächlich Ihren freundschaftlichen Rat als Frau hören.

Wenn Sie aber anhand dieser Anzeichen relativ sicher sind, dass er mehr für Sie empfindet als nur Freundschaft, dann sollten Sie sich definitiv an die Strategien im Buch „Wie gewinne ich das Herz eines Mannes" halten. Lesen Sie sich ab dem Kapitel „Die tiefere Ebene der Anziehung" die einzelnen Schritte noch einmal durch und wenden Sie sie an! Benehmen Sie sich ab sofort nicht mehr, wie die verständnisvolle, „gute alte Freundin", sondern verwirren Sie ihn ein wenig. Sie werden vielleicht versucht sein, ihn ab sofort Tag und Nacht anzurufen, um ihm mitzuteilen, wie romantisch Sie das alles finden. Wie sehr Sie sich freuen, Ihren „Seelenverwandten" in ihm gefunden zu haben. Wie schön es ist, nun diesen Schritt gegangen zu sein.
Nun, genau das tun Sie *nicht*, sondern geben Sie sich geheimnisvoll, unvorhersehbar, undurchschaubar.

Dieses Verhalten bewirkt in einem Mann, der ohnehin schon erste Anflüge von Gefühlen für Sie empfindet, ein wahres Feuerwerk von Emotionen! Sie haben damit gleich zwei Trümpfe in der Hand - zum einen schätzt er Sie schon länger als weiblichen Freund, zum anderen verhalten Sie sich indirekt wie eine Frau, die er gerade erst kennengelernt hat. Sie verbinden damit die längst vorhandene, rein menschliche Sympathie mit dem Zauber des Anfangs - das ist wie pure Magie!

Ich behaupte: Eine platonische Freundschaft, die sich in eine Liebesbeziehung verwandelt, kann die Basis für eine langfristige und ernsthafte Bindung sein - schließlich ist man nicht nur der Wirkung kurzfristiger und vorschnell produzierter Hormone ausgeliefert. Allerdings sollten Sie dem Ganzen nicht das lodernde Feuer entziehen, indem Sie die bekannten Fehler begehen. Ein Mann ist nun mal ein Mann - auch wenn er Sie schon längere Zeit kennt.

Was aber, wenn es *keine* Anzeichen dafür gibt, dass er mehr empfindet, als nur Freundschaft?

Was, wenn er Sie tatsächlich als „Schwester" wahrnimmt und seine Zuneigung rein platonisch ist?

Ich will Ihnen hier keine falschen Hoffnungen machen - die Chancen, dass er sich quasi über Nacht doch noch in Sie verliebt, stehen nicht sonderlich gut. Vor allem dann nicht, wenn er Sie schon seit längerer Zeit kennt.

Machen Sie die Probe aufs Exempel:

Erwähnen Sie beiläufig die Probleme, die Sie gerade mit einem anderen Mann haben. Erzählen Sie, dass Sie in Erwägung ziehen, den anderen zu verlassen.

Wie reagiert er darauf? Ermutigt er Sie, den anderen sitzen zu lassen? Redet er betont schlecht über ihn? Sagt er Dinge wie: „Das hast

du nicht verdient, du solltest diesen Dreckskerl zum Teufel jagen"?
Nun, dann haben Sie sehr gute Karten, dass er „seine Gelegenheit"
bei Ihnen wittert. Verhalten Sie sich dann nach den Strategien des
Buches - er sollte auf keinen Fall „leichtes Spiel" mit Ihnen haben.

Wenn er Sie allerdings dazu ermutigt, den anderen Mann besser
zu verstehen, wenn er sagt: „Er hat bestimmt seine Gründe, sich so
zu verhalten. Ich glaube, er mag dich auf jeden Fall, du solltest ihm
noch eine Chance geben" - dann können Sie sicher sein:

Er hat kein Interesse an Ihnen. Männer nehmen andere Männer
gerne in Schutz, es gibt ein ungeschriebenes Gesetz der Loyalität
unter uns.
Allerdings nur so lange, wie man nicht an der gleichen Frau
interessiert ist - dann nämlich wird ein anderer Mann zum erbitter-
ten Feind.

Worauf Sie bei E-Mails und SMS achten sollten

Wie sollte ich mich bei längerem E-Mail Kontakt mit einem Mann am besten verhalten?

Ich habe einen Mann über das Internet kennengelernt und seit mehreren Wochen schreiben wir uns E-Mails.
Er ist ein wirklich netter und charmanter Mann, ich interessiere mich sehr für ihn.
Irgendwie habe ich aber das Gefühl, dass sich das Ganze nicht wirklich weiterentwickelt. Anfangs schrieb er noch, dass er mich unbedingt mal treffen will, mittlerweile kommen immer seltener Emails von ihm und nach einem Treffen hat er mich auch nicht mehr gefragt.

Gibt es bei Emails oder auch SMS gewisse Grundsätze, an die man sich halten sollte?

Heutzutage gehört es ja schon fast zum Standard, sich über E-Mail und SMS zu unterhalten und kennenzulernen.

Diese Art des Kennenlernens ist sehr eindimensional, da die Körpersprache und die Mimik des Gegenübers die wichtigste Rolle dabei spielt, ob man Interesse füreinander entwickelt oder nicht. Weil dieser Faktor nicht vorhanden ist, steigert man sich oft, ohne es eigentlich zu wollen, in eine „Fantasie-Liebe" hinein.

Ich kenne Hunderte Geschichten von Frauen, die sich monatelang mit einem Mann über E-Mail oder Chat austauschten und sich in den schillerndsten Farben ausmalten, wie schön eine Beziehung mit diesem Mann wäre. Meistens war die Enttäuschung danach umso größer - die *Vorstellung* über diese Bekanntschaft hatte ganz einfach nicht viel mit der Realität zu tun gehabt.

Die wichtigsten Grundsätze des Kennenlernens per E-Mail verrate ich Ihnen hier:

1. Wenn Sie ihm noch nie real begegnet sein sollten, sondern sich lediglich über das Internet kennengelernt haben, sollten Sie ihn um verschiedene Fotos bitten. Sie sollten ihm auch möglichst verschiedene Bilder von sich selbst schicken.

   Es hat keinen Sinn, endlosen E-Mail-Kontakt mit ihm zu haben, wenn Sie ihm optisch nicht gefallen. Genauso sollten Sie sein Aussehen überprüfen, schließlich wollen Sie Ihre wertvolle Zeit nicht opfern für jemanden, der Ihnen äußerlich nicht einmal ansatzweise gefällt.

2. In Ihren E-Mails sollten Sie niemals zu viel von sich selbst preisgeben. Schreiben Sie fröhliche, unverbindliche Sätze. In keiner Ihrer E-Mails sollten Sie erwähnen, wie sehr Sie sich nach einer Beziehung sehnen, wie sehr Ihr Ex-Partner Sie verletzt hat oder andere persönliche Dinge. Sie sollten die

virtuelle Kommunikation nicht dazu nutzen, ihm Ihr Herz auszuschütten. Natürlich haben wir alle das Bedürfnis, uns mitzuteilen, aber ausführliche Berichte über Ihren seelischen Zustand sind Ihren Freundinnen oder Ihrer Familie vorbehalten. Auch wenn es noch so verführerisch sein mag - erzählen Sie nicht zu viel über sich selbst!

Genau wie bei einem persönlichen Treffen sollten Sie sich immer ein wenig geheimnisvoll geben. Wenn er mehr über Sie erfahren will, muss er Sie um ein Treffen bitten, ganz einfach. Er sollte sich kein genaues Bild von Ihnen machen können - *seine Neugierde ist Ihre effektivste Waffe!*

3. Auch per E-Mail gilt der Grundsatz: Laufen Sie ihm nicht hinterher. Bombardieren Sie ihn nicht mit E-Mails oder SMS. Halten Sie sich an folgende Faustformel: Auf zwei Nachrichten von ihm folgt eine Nachricht von Ihnen. Und für Ihre Antwort lassen Sie sich Zeit. Mindestens 24 Stunden. Er darf nicht das Gefühl bekommen, als würden Sie permanent Ihren E-Mail Eingang kontrollieren oder ständig auf Ihr Handy starren. Auch wenn Sie in Jogginghose und Schlabberpulli vor dem Computer sitzen und sein Foto schmachtend anschauen - Sie beantworten *nicht alle* E-Mails von ihm. Weniger ist mehr! Stattdessen stellen Sie sich vor, wie Sie gerade in Ihrem schönsten Outfit den roten Teppich einer Hollywood- Party entlang schlendern. Und genau diese Einstellung sollte in Ihren EMails zum Ausdruck kommen.

    Sie sind eine begehrenswerte Frau - Sie haben einfach keine Zeit, ständig ellenlange E-Mails zu schreiben.

4. Auch per E-Mail und SMS gilt: Streuen Sie hin und wieder eine freche Provokation ein. Nutzen Sie dabei die sogenannte „Zuckerbrot und Peitsche"- Strategie. Schreiben Sie ihm ein nettes Kompliment, und kurz danach provozieren Sie ihn.

„Dein Foto gefällt mir, Du hast sehr ausdrucksstarke Augen." Darin verbirgt sich das Wort „stark" - genau das will ein Mann sein! Ein paar Sätze später schreiben Sie: „Aber mal im Ernst - fallen andere Frauen tatsächlich auf Deine Masche herein? Das ist ja irgendwie süß, aber Du bist einfach zu durchschaubar … Ich glaube, da musst Du noch ein wenig üben!" *Zwinker* (Männer *hassen* es „süß" zu sein.) Mit dieser simplen Formel - Bewunderung gepaart mit Provokation - bringen Sie einen Mann völlig aus dem Häuschen. Damit treiben Sie seine Neugier und sein Verlangen nach Ihnen auf die Spitze.

5. Verschwenden Sie Ihre Zeit nicht mit einer Fantasie-Beziehung! Auch wenn es noch so amüsant sein mag - wenn Sie nach einer ernsthaften Beziehung Ausschau halten, sollten Sie sich nicht mit monatelangem E-Mail Kontakt mit einem Mann aufhalten. Sie müssen sich mit ihm treffen, ihm persönlich in die Augen schauen - und dann alle Schritte des Buches „Wie gewinne ich das Herz eines Mannes" anwenden. *Lernen Sie ihn persönlich kennen*, nur so können Sie entscheiden, ob er zu Ihnen passt.

Wenn er Ihnen nach spätestens sechs E-Mails kein Treffen vorschlägt, können Sie ihn vergessen. Sie sind keine Schreibkraft, die monatelang E-Mails oder SMS beantwortet. Sie sind eine Traumfrau. Vergessen Sie das nicht!

6. Sobald er Ihr Foto gesehen hat und aufgrund Ihrer wenigen frechen, aber spielerisch-leichten E-Mails vor Neugierde nur so platzt, liegt es an *ihm*, ein Treffen vorzuschlagen. Auf keinen Fall schlagen Sie dieses Treffen vor. Bei den ersten Treffen und generell in der Anfangszeit sollten Sie sich an die Schritte des Buches halten. Solange Sie nicht das Gefühl haben, dass die Beziehung gefestigt ist, sollten Sie auch weiterhin E-Mails und SMS nicht sofort beantworten.

Lassen Sie ihn in der Anfangszeit immer ein wenig im Ungewissen. Er darf sich Ihrer einfach noch nicht sicher sein - nur so lösen Sie in einem Mann ein loderndes, sehnsüchtiges Feuer aus, das ihm die Sinne raubt.

Ich will Ihnen dazu eine kleine Geschichte einer Freundin von mir erzählen, die sich monatelang in mehreren Singlebörsen im Internet aufhielt und dort versuchte, ihren Traummann zu finden. Sie bekam immer wieder etliche Zuschriften von verschiedenen Männern, die alle Interesse zu haben schienen. Es war ein einziges Schlaraffenland voller Traumprinzen, die ihr den Hof machten - zumindest dachte sie das. Sie beantwortete die Anfragen der Männer teilweise im Minutentakt, auch von ihrer Arbeit aus. Tatsache war jedoch, dass sich die meisten Männer nach einigen E-Mails nicht mehr meldeten. Diejenigen, mit denen sie sich dann doch noch traf, waren lediglich „nur auf das Eine" aus.

Enttäuscht und desillusioniert beschloss sie, ihre Zeit nicht mehr in den Singlebörsen zu vergeuden. Als sie allerdings nach mehreren Wochen wieder einen Blick in ihr Postfach warf, traute sie ihren Augen kaum: Einige Männer hatten ihr mehrfach geschrieben, es fielen Sätze wie: „Warum meldest Du Dich nicht mehr, ich dachte, wir könnten uns vielleicht mal treffen?" Als sie dann mit der entsprechenden Verzögerung begann, diese E-Mails doch noch zu beantworten, bekam sie Zuschriften wie „Ich dachte schon, ich höre nie mehr etwas von Dir - wollen wir uns vielleicht mal treffen, nicht dass mir ein anderer zuvorkommt!" Die Männer schienen endlich begriffen zu haben, was ihnen sonst entgehen würde. Sie traf sich mit insgesamt sechs dieser „Mitbewerber" und mit einem von ihnen ist sie seit mittlerweile drei Jahren in einer wundervollen Beziehung.

Ohne es zu wollen, hatte sie sich eines universellen Prinzips bedient, das immer dann gilt, wenn man die Neugierde eines Menschen wecken will:

Die künstliche Verknappung.

Sie werden dieses Prinzip aus der Werbung kennen:

„Dieses Angebot ist nur noch bis zum 01.10. erhältlich."

Ein paar Monate später gibt es das gleiche Angebot wieder, diesmal ist es aber nur „bis zum 01.12. erhältlich". Und obwohl offensichtlich ist, dass die Konzerne uns damit für dumm verkaufen wollen, fallen wir immer wieder darauf herein. Wir kaufen, weil wir glauben, wir würden etwas verpassen. Der Wert dieser Ware steigt in unserer Vorstellung dadurch, dass wir ihn womöglich nicht haben könnten, wenn wir nicht sofort handeln. Wir *müssen* kaufen, sonst verpassen wir womöglich etwas …

Wenn Sie sich einem Mann während der Phase des Kennenlernens „ständig verfügbar" zeigen, indem Sie seine E-Mails und SMS immer und prompt beantworten, bekommt er das Gefühl, Sie wären eine Art „Trostpreis" - es lohnt sich nicht weiter, Sie kennenzulernen. Wenn Sie den tiefen Wunsch in ihm wecken wollen, dass er Sie einfach kennenlernen muss, dann sollten Sie sich der Regel der künstlichen Verknappung bedienen. Das mag sich ein wenig unmenschlich anhören, aber die menschliche Psyche funktioniert nun mal so.

Sie haben ganz einfach keine Zeit, seine E-Mails ständig und vor allem ausführlich zu beantworten. Schließlich gibt es da draußen noch unzählige andere Männer, die nur darauf brennen, Sie kennenzulernen!
Genau diese Einstellung sollten Sie sich zu eigen machen.

Zweifle niemals an deinem Produkt - zweifle nur an deiner Strategie, es zu verkaufen.

- Grundsatz aus dem Marketing -

Ältere Männer

Was ist mit den reiferen Männern?
Gelten für sie die gleichen Regeln?
Wirken Ihre Strategien auch jenseits der 50er Grenze?

*Ich bin 56 Jahre, also im „besten Alter". Mich würde natür-
lich interessieren, inwiefern Ihre Regeln altersübergreifend,
also auch auf die reifere Generation übertragbar sind.*

*Davon abgesehen sagen mir fast alle meine gleichaltrigen
Bekannten, dass sie eine jüngere Frau vorziehen würden.*
Warum?
Haben Sie sich damit schon mal beschäftigt?

Ich habe im Laufe der Jahre, die ich während meines Studiums
hinter den Tresen verschiedenster Bars gearbeitet habe, vor allem
auch die unzähligen Herren und Damen fortgeschrittenen Alters
beobachtet. Ich stellte mir immer wieder die Frage: Verändern sich
Männer im Laufe des Älterwerdens grundsätzlich? Ich habe mich
mit etlichen Männern, vor allem jenen „reifen und erfolgreichen"
über dieses Thema unterhalten, sie immer wieder interviewt:
Wie ist das mit dem Altersunterschied? Könnt ihr mir das Klischee
„Ältere Männer sind auf der Suche nach jüngeren Frauen" bestätigen? Was ist mit den Frauen im reiferen Alter? Wenn ihr die Wahl
hättet - würdet ihr einer jüngeren oder einer älteren den Vorzug
geben?

Die vielen Gespräche und Beobachtungen, die ich mit den „reifen Exemplaren" jenseits der fünfzig oder sechzig hatte, ließen im Prinzip nur den einen Schluss zu:

Männer verändern Ihre Reaktionen auf das Verhalten von Frauen niemals grundsätzlich. Die Strategien, die bei einem 18-jährigen Mann wirken, haben den gleichen Effekt auf einen 80-Jährigen. Mann bleibt Mann, er verändert lediglich sein Auftreten ein wenig. Mit zunehmender Erfahrung wird er souveräner, selbstsicherer. Nicht zuletzt ist das auch der Grund, warum sich viele Frauen gerne auf ältere Männer einlassen. Sie strahlen aufgrund ihrer Erfahrung eine Gelassenheit aus, die auf Frauen sehr attraktiv wirken kann. Ältere Männer hingegen „schmücken" sich gerne mit jüngeren Frauen. Etliche Studien dazu haben übrigens ergeben, dass Beziehungen tendenziell länger halten, wenn die Frau circa fünf Jahre jünger ist als der Mann. Vermutlich hat das damit zu tun, dass der geistige Reifeprozess bei Männern oft etwas später einsetzt. Somit treffen ähnlich reife Menschen aufeinander - ein nicht unerheblicher Faktor in Beziehungen.

Allerdings sind die Hoffnungen und Erwartungen, die ein Mann von einer Beziehung hat, immer die gleichen. Sie verändern sich nicht durch sein Alter.

Was die Vorliebe mancher Männer für jüngere Frauen angeht - dabei geht es um nur zwei entscheidende Faktoren:

Es ist die Ausstrahlung, die eine Frau hat. Und es ist ihr Sex-Appeal. Ich kenne persönlich einige Frauen weit jenseits der fünfzig, die mehr Sex-Appeal haben als so manche Zwanzigjährige. Und diese Frauen wissen mit dieser Ausstrahlung vor allem auch umzugehen, damit zu spielen. Natürlich habe ich mich mit Ihnen darüber unterhalten. Was machen sie, um solch eine Erotik auszustrahlen?

Ein Trick, den mir diese Schönheiten der älteren Generation verrieten: Sie tun alles dafür, dass sie sich selbst *schön fühlen*. Sie kaufen sich die erotischste Unterwäsche, die sie bekommen können, und tragen sie - und zwar täglich. Sie schminken sich gekonnt, sie wenden viel Zeit dafür auf, ihren Körper zu pflegen und ihn in Form zu halten. Sie sehen ihren Körper als einen guten Freund, den man ehren und achten muss - schließlich wohnt ihre Seele darin, die sich wohlfühlen will. Darüber hinaus habe ich immer wieder beobachtet, dass das Alter nicht wirklich entscheidend ist, ob eine Frau sexy wirkt. Es ist ein anderer Faktor, der viel wichtiger ist als die bloße Anzahl der Jahre, die eine Frau auf diesem Planeten verweilt.

Es ist ihre Vitalität.

Wie lebensfroh sind Sie? Wie sehr freuen Sie sich, morgens aufzustehen und den Tag zu beginnen?

Hier ein kleiner Tipp, den mir einmal eine sehr weise, ältere Dame gegeben hat:

Jeden Morgen, nachdem ich aufstehe, gehe ich ans offene Fenster und blicke nach draußen ins Grüne. Ich atme tief ein und versuche, einfach nur den Morgen und die frische Luft in mich aufzusaugen. Ich blicke in den Himmel und beobachte die Wolken. Ich denke nicht an die vielen Dinge, die ich heute zu erledigen habe, ich lasse auch nicht zu, dass mich jemand während meiner „zehn Minuten" stört. Ich konzentriere mich darauf, einfach nur da zu sein. Ich, inmitten der Welt mit den Bäumen, den Wolken, dem blauen Himmel

über mir. Früher bin ich nach dem Aufstehen direkt zur Kaffeema-
schine, dann zum PC und danach schnell ins Büro. Wie ein hy-
peraktiver, Batterie-betriebener Roboter. Sie kennen das vielleicht.
Welch ein Stress! Man kommt überhaupt nicht dazu, sich einmal
auf sich selbst zu besinnen, zur Ruhe zu kommen.

Glauben Sie mir, ich habe mit Medition und ähnlichem fernöstlichen Yoga- Singsang nie etwas am Hut gehabt. Seitdem ich aber
diese kleine Morgenmeditation mache, die aus nichts anderem
besteht, als die Morgenluft in sich einzusaugen und mal für zehn
Minuten einfach *nichts* zu tun, sondern nur zu *sein* und zu *beobachten*, fühle ich mich viel lebendiger, ich bin einfach „besser drauf".
Probieren Sie es einmal aus - diese kleine Selbstbesinnung am Morgen kann wahre Wunder bewirken.

**„Sexy zu sein ist nichts anderes, als vital und lebensfroh zu wir-
ken - unabhängig von Ihrem Alter oder Aussehen"**

Ich kann mich gut an ein Praktikum erinnern, das ich in einem Se-
niorenheim absolvierte. Ich habe dort mehr über das Leben gelernt,
als irgendwo sonst, das können Sie mir glauben. Faszinierend war,
dass die Männer und Frauen, die dort gemeinsam Ihren Lebens-
abend verbrachten, sich dem anderen Geschlecht gegenüber zum
Teil wie wild gewordene Teenager aufführten. Sie flirteten miteinander, sie schrieben sich Briefchen - es war einfach herrlich!

Eines Abends, ich war zur Nachtschicht eingeteilt, saß ich im Zim-
mer eines ehemaligen Bankers und führte ein langes und span-
nendes Gespräch mit ihm. Es ging um den Sinn des Lebens, seine
Erfahrungen. Er wollte mir ganz einfach seine Weisheiten übermitteln. Natürlich saugte ich begierig alles auf, was er mir zu erzählen
hatte, so eine Chance bekommt man nicht alle Tage.

Es ging um den Weltkrieg, es ging um Familie, um Neuanfänge, um Trauer und natürlich auch um die Liebe. Am Schluss all seiner Erzählungen sagte er mir diesen einen Satz, den ich wohl nie vergessen werde: „Weißt Du Christian, im Grunde verändert sich nicht viel. Man fühlt sich im Alter noch genau so, wie in jungen Jahren. Natürlich sind die Knochen nicht mehr das, was sie mal waren, aber vom Gefühl her ist es dasselbe wie mit sechszehn. Das, was ich für Marta [die nette 82-jährige Dame von nebenan] empfinde, habe ich schon mit fünfzehn meiner Jugendliebe gegenüber empfunden."

… Es fühlt sich immer gleich an …

Dahingehend kann ich Ihnen mit absoluter Sicherheit garantieren: Die Strategien und Tipps aus dem Buch wirken bei Männern jeden Alters - männliche Emotionen entwickeln sich immer nach den gleichen Prinzipien.

Ich habe das mehr als einmal beobachtet.

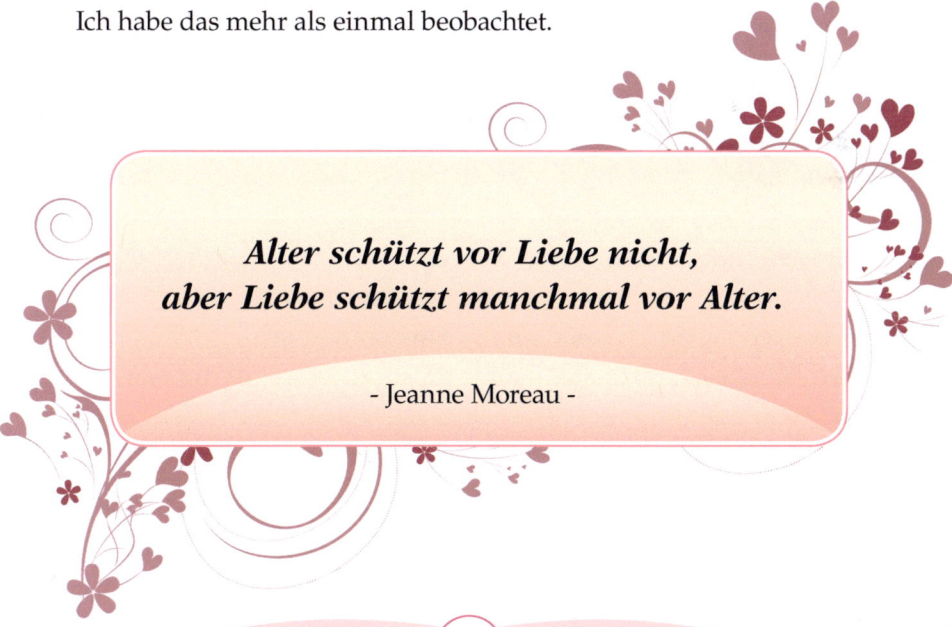

Alter schützt vor Liebe nicht,
aber Liebe schützt manchmal vor Alter.

- Jeanne Moreau -

Er weiß nicht, ob er mich liebt

Was hat es zu bedeuten, wenn ein Mann der mich sehr interessiert, mal einen Schritt vorwärts, jedoch dann wieder einen Schritt rückwärts geht?

Er ist wirklich sehr liebenswert, allerdings nicht einfach. Sein Verhalten gibt mir absolute Rätsel auf – mal ist er anhänglich und scheint absolut verliebt, mal geht er völlig auf Distanz. Wie ist das zu deuten?

Das sind extreme Gegensätze, für mich gilt: entweder ich liebe einen Mann oder nicht, es gibt kein „heute ja und morgen nein".

Wir haben es hier mit einem „klassischen Fall" zu tun. Sie würden nicht glauben, wie oft ich solche und ähnliche Geschichten schon gehört habe.

„Er weiß einfach nicht, was er will …"

Es passiert tagtäglich, hundertfach: Ein Mann ist mit einer Frau liiert, er scheint ernsthafte Gefühle für sie zu haben. Er ruft manchmal mehrmals am Tag an, er ist zuckersüß, nennt sie „Schatz", aber ein paar Tage später verhält er sich, als wäre er völlig desinteressiert. Als hätte er alles Gesagte und gemeinsam Erlebte wieder vergessen.

Zuerst möchte ich Ihnen erklären, was sich in einem männlichen Gehirn abspielt, das nicht weiß, was es will:

Er empfindet tatsächlich etwas für Sie. Gerade an Tagen, an denen er sich ein wenig einsam fühlt, sehnt er sich wirklich nach Ihnen und zeigt Ihnen das auch. Männer brauchen die Zweisamkeit genauso wie Frauen. Sie können seinen romantischen Anflügen also durchaus Glauben schenken.

Aber:
Wenn er tief in sich hineinhorcht, dann spielt sich dort Folgendes ab: Er hat zwar Gefühle für Sie, er denkt aber gleichzeitig „Sie ist nicht *die Eine* für mich. Sie ist nicht die, mit der ich mein Leben verbringen will". Er glaubt, dass er eines schönen Tages „eine bessere" finden wird. Damit in Ihnen erst gar nicht die Hoffnung entsteht, dass es eine gemeinsame Zukunft gäbe, verhält er sich dann in regelmäßigen Abständen distanziert und entfernt sich emotional wieder von Ihnen. Das ist die männliche Art, eine Frau nicht übermäßig verletzen zu wollen. Er rechtfertigt sich selbst damit: „Ich habe ihr ja nie Hoffnungen auf eine Zukunft gemacht, somit habe ich auch keine emotionale Verantwortung für sie."
Er will sich einfach nicht auf Sie festlegen.

Er befindet sich in dem Zwiespalt, dass er Sie einerseits nicht verlieren will (er weiß sehr wohl, dass er eine Frau wie Sie nicht gerade an der nächsten Straßenecke findet), gleichzeitig hat er die Vision seiner Traumfrau noch im Kopf - so hart das klingen mag:

Er sieht Sie *nicht* als seine Traumfrau.

Noch nicht …

Aber das lässt sich ändern.

Wie wir ja alle wissen, sind Gefühle etwas, über das wir keine wirkliche Kontrolle haben. Die Gefühle eines Mannes entstehen nicht dadurch, dass er über eine Frau *nachdenkt*, indem er sich eine „Liste" all Ihrer Vorzüge anfertigt, und sich dann für oder gegen sie entscheidet. „Ja, sie ist eine tolle Frau, ich *denke*, ich liebe sie - schließlich erfüllt sie alle meine Kriterien …"

So funktionieren Männer nicht.

Er muss ganz einfach *das Gefühl* haben, der Einen, der Richtigen begegnet zu sein. Es geht nicht um theoretische Plus- oder Minuspunkte, die Sie erfüllen. Es geht darum, dass er bis in seine Haarspitzen *fühlt*: „Ja, das ist sie!" er kann sich ein Leben ohne Sie gar nicht mehr vorstellen.

Grundvoraussetzung für dieses magische Gefühl, der Richtigen begegnet zu sein, ist im Prinzip nur eine einzige Sache:

Er muss spüren, dass sein Leben *mit ihr* schöner ist, als *ohne sie*.

Dieses Gefühl muss er *erleben*, wenn Sie bei ihm sind. Es ist die gefühlte Erfahrung, die er mit Ihnen macht. Diese Erfahrung lautet: „Es fühlt sich alles richtig an!"

Aber was genau bewirkt dieses Gefühl in einem Mann?

Nun, dazu müssen Sie wissen, wonach sich Männer *wirklich* sehnen. Was sie sich von einer Beziehung tatsächlich erhoffen, und zwar unabhängig von all den klischeehaften Dingen wie täglichem

Sex, völliger Freiheit, Unverbindlichkeit usw. Das Problem dabei ist, dass sich die wenigsten Männer selbst darüber bewusst sind, was sie sich wirklich wünschen. Zu sehr sind sie verwirrt von ihren Vorstellungen, ihren Instinkten und ihren vergangenen, unglücklichen Beziehungen. Die meisten Männer können Ihnen gerade mal beschreiben, was Sie *nicht* wollen.

Ich habe hunderte von Männern zu diesem Thema befragt und habe den Verlauf unzähliger Beziehungen beobachtet. Ich wollte herausfinden, was der wahre Grund dafür ist, dass die allermeisten Beziehungen unglücklich verlaufen und warum es manche, ganz wenige Bindungen gibt, die dazu führen, dass sich *beide* Partner besser fühlen. Ihr Leben reicher und erfüllter ist, als wenn sie alleine wären.

Was genau ist dieses „Salz in der Suppe", das einen Mann davon überzeugt:
Diese Beziehung ist etwas ganz Besonderes, etwas Erfüllendes?

Wie Sie ja mittlerweile wissen, wollen Männer das Gefühl haben, von einer Frau gebraucht zu werden. Ein Mann möchte Ihr persönlicher Held sein, er möchte spüren, dass Sie ihn *brauchen*. Nicht, weil Sie emotional abhängig von ihm sind, sondern weil er spürt, er kann Ihnen bei Problemen helfen.

Es ist unendlich wichtig, dass ein Mann *fühlt*, dass er Sie glücklich macht.

Vor allem in der späteren Phase einer Beziehung gilt: eine lächelnde, glückliche Frau, die sich ganz einfach *freut*, dass es ihn gibt - sie ist der Wunschtraum eines jeden Mannes.

Ebenso wichtig ist es aber, dass er *Sie* braucht. Nicht, weil Sie seine Wäsche waschen oder sein Essen kochen. Auch nicht für den allabendlichen Sex – auch wenn böse Zungen das behaupten.

Es mag Sie vielleicht überraschen, aber die Wahrheit ist:

Ein Mann braucht eine Frau, um sich selbst lieben zu können.

Wir Menschen haben im Prinzip alle denselben, übermächtigen Wunsch: Wir wollen anderen Menschen gefallen. Wir wollen ganz einfach das Gefühl haben „Okay" zu sein und nicht etwa verrückt oder irgendwie unnormal. Wir wollen von anderen Menschen anerkannt werden für das, was wir tun und wie wir sind. Die Liebe ist im Prinzip nur eine Steigerung davon: Wir werden anerkannt, wir sind etwas Besonderes für einen Menschen des anderen Geschlechts. Allerdings gefallen wir einem Menschen, den *wir selbst* anhimmeln. Einem Menschen, der für *uns selbst* etwas ganz Besonderes ist.

Nichts anderes ist die Liebe: Wir werden geschätzt und bewundert von einem Menschen, den wir selbst schätzen und bewundern.

Dieses Prinzip der gegenseitigen Bewunderung bewirkt, das sich unser Leben quasi über Nacht zu einem wahren Rausch des Glückes verwandelt. Dieser Rausch funktioniert aber nur unter einer Voraussetzung:

Wir müssen bei uns selbst bleiben. Wir dürfen uns nicht „verlieren" im Anderen. Sobald wir den Anderen wichtiger nehmen als uns selbst, wenn uns *seine* Bedürfnisse, seine Gedanken, seine Pläne wichtiger werden, als unsere eigenen, *kann* er uns nicht mehr wirklich lieben. Denn er hat sich in unsere Einzigartigkeit verliebt, in die Tatsache, *dass wir so sind, wie wir sind.*

Eigensinnig, mit einem gewissen Egoismus, die einen Menschen überhaupt erst zu dem macht, was er ist - nämlich einzigartig.

Von so vielen Frauen habe ich die Aussage gehört: „Ich liebe ihn wirklich, ich mache mir Tag und Nacht Gedanken darüber, was er braucht und wie ich ihn glücklich machen kann. Warum erwidert er das nicht? Er muss doch spüren, wie wichtig er mir ist!"

Sobald Sie *ihn* als wichtiger erachten, als sich selbst, hört der Zauber auf. Denn er empfindet das Gefühl der Bewunderung für Sie nur deshalb, weil Sie ein eigenständiges Wesen sind. Ein Wesen mit einem eigenen Kopf, einem eigenen Willen. Ein Mensch, der *sich selbst* achtet und sich nicht aufopfert für einen anderen Menschen. Der *seine eigenen* Ziele und Träume hat und diese auch verfolgt. Wenn Ihr Ziel hauptsächlich daraus besteht, vom anderen geliebt zu werden, dann hat dieser andere nichts mehr, das er an Ihnen bewundern und schätzen könnte.

Denken Sie daran - die Liebe besteht daraus, von jemandem geschätzt zu werden, den *man selbst schätzt und bewundert.* Wofür sollte er Sie noch bewundern, wenn hauptsächlich *ER* es ist, der in Ihrem Kopf herumspukt?

Was aber sollten Sie konkret tun, wenn sich die neue Beziehung in eine emotionale Achterbahnfahrt verwandelt? Wenn sich die gegenseitige Bewunderung in ein quälendes Hin und Her verwandelt hat?

Im Prinzip sollten Sie lediglich drei Dinge beherzigen:

1. Achten Sie auf Ihre eigenen Bedürfnisse

Das Beste und Effektivste, was Sie tun können, um die Bewunderung und Wertschätzung eines Mannes zu bekommen, ist, wenn Sie sich Ihrer eigenen Ziele und Träume bewusst werden. Was wünschen und erwarten Sie sich von Ihrem Leben - und zwar unabhängig davon, die Liebe Ihres Partners zu gewinnen? Was können Sie tun, um genau diese Ziele und Träume zu verwirklichen? Wie oft schon habe ich beobachtet, dass viele Beziehungen und Liebesdramen oft nur dazu „benutzt" werden, um sich von der alles entscheidenden Frage abzulenken: Was will ich eigentlich im Leben tun? Was sind meine Träume? Wie kann ich sie erreichen? Man geht dieser -zugegebeneher unbequemen Frage nur allzu gerne aus dem Weg und beschäftigt sich stattdessen lieber mit der Frage: „Was macht er gerade?" „Liebt er mich?" „Warum hat er keine Zeit für mich?"

Männer lieben es, wenn eine Frau es schafft, sie zu *inspirieren*. Wenn Sie es schafft, einen Mann dazu zu bringen, *mehr aus sich selbst* zu machen.

Inspirierend können Sie für einen Mann aber nur dann sein, wenn Sie selbst ihren Träumen folgen. Oder, um es mit dem heiligen Augustinus zu sagen:

Du kannst in anderen nur entzünden, was in dir selber brennt.

Das Geheimnis ist: Sobald Sie beginnen, sich mit Ihren eigenen Zielen und Träumen zu beschäftigen, sobald Sie beispielsweise endlich den Malkurs belegen, den Sie schon seit einer Ewigkeit machen wollten, und sich weniger mit *ihm beschäftigen,* beginnt ein Mann, sich *mehr* für Sie zu interessieren. Das Schöne ist: Sie werden sich lebendiger, glücklicher fühlen, sobald Sie beginnen, sich um Ihre Bedürfnisse zu kümmern und diese auch ausleben. Sie werden neue Menschen kennenlernen, die Ihre Interessen teilen. Ihr Leben wird einfach erfüllter sein, wenn Sie sich Ihren Träumen widmen. Was wollten Sie schon immer einmal tun, und haben es immer wieder vor sich hergeschoben?

Vermutlich hatten Sie „gute Gründe" dafür - die viele Arbeit, familiäre Probleme, diese komplizierten Männer …

Nun, damit ist jetzt Schluss!

Widmen Sie sich ab heute Ihren Wünschen und persönlichen Zielen und beginnen Sie, diese auch auszuleben.

Und genau das macht Sie unwiderstehlich für einen Mann.

2. Nutzen Sie das Wissen fernöstlicher Kampfsportarten

In einigen fernöstlichen Kampfsportarten gibt es eine Technik, die die Energie des Gegners nutzt, um ihm zu besiegen. Wenn der Gegner einen Schlag ausführt, dann nutzt man die Kraft dieses Schlages, um die Verletzung auf den Angreifer zurückzuleiten.

Natürlich verletzt es eine Frau, wenn ein Mann sich nicht eindeutig für sie entscheidet. Wenn er sich in regelmäßigen Abständen zurück in seine Höhle verkriecht und die Frau im Ungewissen über seine Gefühle ihr gegenüber lässt. Was aber die meisten Frauen tun, wenn sich Ihr Partner nicht so verhält, wie sie es sich wünschen, ist

Folgendes:

Anstatt die Energie dieser seelischen Verletzung zu nutzen - eben, wenn sich ein Mann unentschlossen, distanziert oder abweisend verhält - schlagen sie zurück. Sie beschweren sich bei ihm, sie machen ihm Vorwürfe:

„Warum hast Du nicht mehr Zeit für mich?"
„Wieso kannst Du Dich nicht endlich entscheiden?"
„Mein letzter Freund war wirklich verständnisvoller als Du!"

… Autsch …

Dieses „Zurückschlagen" bewirkt aber naturgemäß nicht mehr Harmonie in einer Beziehung, sondern weniger. Es schlägt einen Mann nur noch mehr in die Flucht, er geht emotional noch mehr auf Distanz zu Ihnen.

Im Grunde geht es bei dieser Technik darum, die emotionalen „Schläge" Ihres Mannes ins Leere laufen zu lassen, und stattdessen diese Energie für sich selbst zu nutzen:

Wenn Ihr Mann sich „schlecht" benimmt, sprich, wenn er Dinge tut, die Ihnen missfallen, beispielsweise anderen Frauen hinterher schauen, oder Sie barsch mit einem „jetzt nicht, keine Zeit" abtut, dann machen die allermeisten Frauen Folgendes:
Sie beginnen, sich zu beschweren, zu diskutieren, mit ihm zu schimpfen.

Wussten Sie, dass einer der größten Bedürfnisse eines Mannes ist, *Aufmerksamkeit* von einer Frau zu bekommen? Unbewusst zeigen

Männer einer Frau gegenüber genau das Verhalten, für das sie die meiste Aufmerksamkeit von ihr bekommen.

Wenn Sie bei „schlechtem Verhalten" Ihnen gegenüber genau das tun: Ihm nämlich Aufmerksamkeit schenken, (wenn auch in einem negativen Kontext) dann werden Sie damit dieses schlechte Verhalten *verstärken*.

Er wird sich denken: „Aha, für dieses Verhalten bekomme ich ihre Aufmerksamkeit – warum sollte ich es also ändern?"

Wenn er sich also in Zukunft in irgendeiner Form schlecht verhält, dann *ignorieren* Sie das einfach. Ziehen Sie sich wortlos zurück, wenn er mal wieder „Keine Zeit" hat. Melden Sie sich nicht bei ihm. Schenken Sie dem Ganzen einfach keine Aufmerksamkeit mehr. Stattdessen widmen Sie sich ganz und gar Ihren eigenen Bedürfnissen, Ihren Hobbies, Ihren Freunden, ganz einfach Dingen, die *Ihnen gut tun*.

Um aber sein Interesse an Ihnen zu vertiefen und auf ganz anderes Niveau zu heben, sollten Sie Folgendes tun: Sie müssen *sein gutes Verhalten* Ihnen gegenüber verstärken, indem Sie ihm *dafür* Aufmerksamkeit schenken.

Wenn er z.B. in der Öffentlichkeit Ihre Hand hält oder Ihnen ein schönes Kompliment macht - dann wehren Sie es nicht einfach ab, sondern verstärken Sie dieses Verhalten, indem Sie sagen „Du machst mich wirklich glücklich, Du bist ein toller Mensch!"

Dadurch wird sein Herz aufgehen und er wird sich ermutigt fühlen, dieses Verhalten zu wiederholen. Wenn Sie sein schlechtes Verhalten schlichtweg ignorieren, anstatt es mit Ihrer Aufmerksamkeit zu belohnen, dann macht dieses Verhalten für ihn keinen Sinn mehr - schließlich bekommt er dadurch keine Aufmerksamkeit von Ihnen.

Legen Sie Ihren Fokus auf die positiven Dinge, achten Sie auf seine liebevollen Gesten, achten Sie auf die Signale, die er Ihnen sendet. (Siehe Kapitel „Woran erkenne ich, dass er es ernst mit mir meint?)

Wenn er sich Mühe gibt, Ihnen zu gefallen, wenn er Ihnen behilflich sein will, dann verstärken Sie dieses Verhalten, indem Sie sich betont dankbar und glücklich zeigen - schließlich sind Sie aus genau diesem Grund mit ihm zusammen.

Und eben das sollten Sie ihm auch zeigen und es nicht als selbstverständlich abtun. Damit geben Sie ihm das befriedigende Gefühl, dass er Sie glücklich machen kann - genau das ist es, wonach jeder Mann im Grunde sucht:

Eine Frau, die er glücklich machen kann.

3. Respektieren Sie auch seine Bedürfnisse

Die männlichen Bedürfnisse sind im Grunde nicht besonders schwer zu erfüllen. Je maskuliner ein Mann ist, umso mehr hat er hin und wieder das Bedürfnis ganz einfach zu *schweigen*.
Männer haben allgemein die Eigenart, sich dadurch zu entspannen, indem Sie schweigend dasitzen und niemandem etwas von ihrem Inneren mitteilen. Das ist ganz einfach die männliche Art, die Probleme des Alltags zu verarbeiten.
Ihnen mag das fremd vorkommen - schließlich finden Sie vermutlich Ihre Entspannung gerade darin, Ihre Sorgen mit anderen Men-

schen zu teilen und Ihre Probleme auch auszusprechen.

Vielleicht kommt es Ihnen so vor, als hätte Ihr Partner kein wirkliches Interesse an Ihnen - schließlich teilt er seine Gedanken nur selten mit Ihnen?

Wenn ein Mann manchmal in eine Art schweigenden und geistig abwesenden Winterschlaf verfällt, sollte Sie das nicht beunruhigen - es hat in den seltensten Fällen etwas mit Ihnen zu tun. Ich habe schon etliche Männer kennengelernt, die Ihre Partnerin ohne Zweifel liebten und vor allem respektierten. Es mag Sie verwundern, aber wenn man diese Männer befragt, warum Sie schon so lange in ihrer Beziehung sind, bekommt man hinter vorgehaltener Hand oft folgenden Satz zu hören:

„Sie hat die Fähigkeit, mich hin und wieder auch mal in Ruhe zu lassen."

Hingegen hört man von vielen Männern, die eindeutig unzufrieden in ihrer Beziehung sind, immer wieder die klassische Aussage:

„Sie lässt mich einfach nie in Ruhe - warum kann sie nicht einmal selbst etwas unternehmen?"

Alleine durch die Tatsache, einem Mann seinen Rückzugsraum des Schweigens zu gönnen und zu respektieren, dass er das hin und wieder *braucht*, heben Sie sich schon enorm von der Masse der Frauen ab. Beziehen Sie es nicht auf sich, wenn ein Mann sich aus Gründen der Entspannung ein wenig in sich selbst zurückzieht. Wenn Sie ihm diesen Freiraum des „stumpfen in sich Hineinschweigens" lassen und ihm dafür kein schlechtes Gewissen einreden, wird er sich Ihnen gegenüber zutiefst dankbar zeigen.

Wie Sie das Gespräch und den Austausch mit anderen Menschen brauchen, so braucht er ab und zu den Rückzug in seine Welt des Schweigens.

Was sich in dieser Welt abspielt, ist längst nicht so interessant, wie Sie vielleicht glauben. Auf die typisch weibliche Frage: „Was denkst du?" reagieren wir Männer deshalb so allergisch, weil es darauf während unserer Phase der Entspannung keine Antwort *gibt*. Was Männer an dem berühmten „schweigend ins imaginäre Lagerfeuer schauen" so fasziniert, ist die innere Leere. Das Nichts. Genau das bewirkt Entspannung in ihm. Durch den Konkurrenzdruck und die ständige Jagd nach Erfolg steht er ohnehin unter Daueranspannung

Gönnen Sie ihm ab und zu diese Leere - auch wenn Sie es nur schwer nachvollziehen können..

Die „falschen" Männer - wie erkennt man sie?

Woran erkenne ich eigentlich die „falschen" Männer?

Gibt es Kandidaten, die man von vornherein vergessen kann? Von welchen Männern raten Sie ab - gibt es Männer, mit denen es schlicht und ergreifend keinen Sinn hat, etwas anzufangen?

Ich würde behaupten, dass mindestens achtzig Prozent aller gescheiterten Beziehungen eben deshalb scheitern, weil man sich auf den jeweils falschen Partner eingelassen hat. Aus einer Mischung der Überzeugung „eben keinen Besseren zu finden" und dem Unwissen darüber, was den richtigen Partner überhaupt ausmacht, hält man sich jahrelang daran fest, dass „er sich eines Tages bestimmt ändern wird".

Man investiert Unmengen von Energie in diesen Menschen, nur um am Ende festzustellen, dass es sich nicht gelohnt hat.

Kurz: Es gibt tatsächlich Männer, bei denen es schlicht und ergreifend Zeitverschwendung ist, sich näher mit ihnen zu beschäftigen. Ich nenne sie die „ungesunden Männer".

Egal, was auch immer Sie tun, wie sehr Sie sich auch abmühen - er *kann* Ihnen ganz einfach nicht das geben, was Sie sich von einer erfüllenden Beziehung erhoffen.

Ich bin der Meinung, es ist immer besser, Single und zuweilen ein wenig einsam zu sein, als sich in einer destruktiven Beziehung abzuquälen, die geradewegs in eine Sackgasse führt.

Was sind aber jene „ungesunden Männer", was genau macht einen Mann zu einer Beziehungs-Sackgasse? Und vor allem: Woran erkennen Sie schon von Anfang an, dass es sich um einen aussichtslosen Fall bei ihm handelt?

Der erste und von allen der mit Abstand aussichtsloseste Fall:

Alkoholiker oder drogensüchtige Männer

So manche Frau hat sich schon mit Alkoholikern oder Drogensüchtigen zusammengetan. Sollten Sie selbst einmal diese leidvolle Erfahrung gemacht haben oder sollten Sie jemanden kennen, dem es so ergangen ist, muss ich Ihnen wohl kaum erklären, wie viel Leid und Kummer das hervorruft. Das Problem bei einem Süchtigen - unabhängig von der jeweiligen Substanz - ist, dass er *die Droge* in den Mittelpunkt seines Lebens gestellt hat. Und das schon lange, bevor er Sie kennengelernt hat.

Allerdings ist die „bemutternde Ader" in vielen Frauen so groß, dass sie fest davon überzeugt sind, diesem „Patienten" helfen zu können. Ja, ihm helfen *müssen*. „Ich muss ihm nur genug Liebe und Verständnis gegenüber aufbringen, dann wird er sich eines Tages zum Besseren verändern. An sich ist er ja ein wirklich toller und warmherziger Mensch. Wenn nur nicht der Alkohol wäre …"

Der Einfallsreichtum abhängiger Menschen ist oft so ausgeprägt, dass sie es nicht selten schaffen, die Schuld für ihre Sucht ihrem jeweiligen Partner in die Schuhe zu schieben. „Ich trinke ja nur, weil … Du mich so und so behandelst!" Und so gleitet man unbemerkt direkt in die Hölle der Co-Abhängigkeit. Meist sind die Frauen davon betroffen, die das Verhalten eines Süchtigen bereits aus ihrem Elternhaus kennen. Sie wiederholen damit unbewusst die Erlebnisse ihrer Kindheit, dem nahestehenden Süchtigen „helfen zu müssen". Dadurch fühlen sie sich selbst „gebraucht" - ein freiwilliges Martyrium, das nirgendwo hinführt. Vor allem nicht in die eigene Zufriedenheit.

Ich habe etliche solcher Fälle beobachtet und studiert. Keine einzige dieser Beziehungen hat dauerhaft funktioniert. Was dabei herauskam, war fast immer das Unglück und der Kummer beider Beteiligten. Denn der Abhängige *braucht* sich nicht zu ändern, er hat ja jemanden, der ihn - mitsamt seiner Sucht - toleriert. Ganz zu schweigen von der Frau, die auf Dauer ihre gesamte Selbstachtung seiner Abhängigkeit und den Folgen daraus opfert.

Wenn Sie sich über dieses Thema ausführlich informieren wollen, kann ich Ihnen das Buch „Die Sucht, gebraucht zu werden" von Melody Beattie sehr empfehlen. Eine Frau, die das Problem aus eigener Erfahrung beschreibt und sehr hilfreiche Lösungswege beschreibt.

Woran erkennt man aber einen solch „aussichtlosen Fall", und zwar von Anfang an?

Gerade in der Phase des Kennenlernens ist man geneigt, sich das ein oder andere Glas gemeinsam zu genehmigen. Schließlich ist Alkohol der Zaubertrank, der einem die Schüchternheit nimmt und jedem Flirt noch eine zusätzliche Prise Sinnlichkeit hinzufügen kann. Insofern wäre ich der Letzte, der Alkohol kategorisch verteufelt.

Aber:

Achten Sie dennoch ein wenig auf folgende, eindeutige Hinweise, die Sie vor einem wahrscheinlichen Desaster bewahren können:

- Die Menge
- Die Geschwindigkeit

Hat er schon die zweite Flasche Wein bestellt, während Sie noch genüsslich an Ihrem ersten Glas nippen? Macht er auch nach der dritten Flasche noch den Eindruck, als sei er völlig nüchtern? Achten Sie auf diese Details, schauen Sie genau hin. Auch wenn es unter Männern als „männlich" gelten mag, Alkohol in rauen Mengen zu konsumieren - wenn er bemerkenswert viel Alkohol in rasender Geschwindigkeit konsumiert und dabei noch erstaunlich kontrolliert wirkt, spricht das eher für ein ernsthaftes Problem als für seine Männlichkeit.

Sollte sich herausstellen, dass er regelmäßig Drogen konsumiert, RENNEN Sie so schnell, wie Sie nur irgendwie können. Eine Sucht und all die Probleme, die daraus resultieren, kann *nur* der Betroffene selbst lösen - unter Zuhilfenahme professioneller Hilfe. *Sie* können ihm dabei nicht helfen. So sehr Sie sich das auch zur Mission erklärt haben mögen.

Der Narzisst

Er redet am allerliebsten über sich selbst. Er tut das in einem sich selbst glorifizierenden Grundton. Laut und eindringlich ist er dermaßen von sich selbst eingenommen, dass man glaubt, man hätte es mit einem „Propheten" zu tun. Vor allem glaubt er selbst, er wäre ein Geschenk an die Menschheit, das man im Grunde von morgens bis abends huldigen muss. Er erzählt auch gerne und oft davon, wie sehr ihn die Frauen bewundern, wie viele Möglichkeiten er doch hätte.

Vorsicht von Männern, die sich selbst und vor allem die Palette ihrer Glanzleistungen andauernd betonen! Der Satz „Ich bin der beste Liebhaber/Arzt/Sänger, den Du Dir vorstellen kannst!" (bei gleichzeitigem Niedermachen der Leistungen anderer - es gibt niemanden, der so potent und allwissend wäre wie er selbst) zeugt in Wahrheit viel mehr von einem sehr schwach ausgeprägten Selbstbewusstsein. Männer mit schwachem Selbstbewusstsein sind entweder sehr in sich gekehrt oder sie benötigen ständig die Bestätigung anderer Leute. Sie brauchen einen „Fanclub", ohne den sie zugrunde gehen würden. Er korrigiert Sie ständig, gibt Ihnen das Gefühl, ein wenig dumm oder minderwertig zu sein? Er benimmt sich auch anderen Menschen gegenüber so und spielt sich ständig als „der Größte" auf? Bei einem solchen Mann bringt alle Liebe nichts, die Sie ihm geben könnten. Er kann Ihnen nichts *zurückgeben*, denn er hat nichts außer seiner krankhaften Selbstsucht. Narzissten sind deshalb so „gefährlich" für Frauen, weil Sie mit ihrer Prahlerei und ihrem großspurigen Getue enorme Anziehung bei ihnen auslösen können. Der Eindruck, sich selbst klein und unbedeutend neben einem solchen gespielten Superhelden zu fühlen, löst oft den Irrglauben aus, dieser Mann müsste entsprechend großartig sein, er hätte unendlich viel zu bieten. Leider ein fataler Irrtum.

Hier ein simpler Trick, um einen Narzissten zu entlarven:

Kritisieren Sie ihn. Spielerisch und leicht, nicht aggressiv, sondern raffiniert. Wenn er Ihnen voller Überzeugung seine vorgefertigte

Meinung zum Thema XY präsentiert, sagen Sie „Wissen scheint nicht gerade deine Stärke zu sein, vielleicht solltest du noch mal die Schulbank drücken …?"

Wenn er darauf aggressiv oder beleidigt reagiert, wissen Sie: Sie haben es mit einem typischen Blender zu tun. Jeder Mann mit einem halbwegs intakten Selbstwertgefühl wird sich von Kritik und spielerischer Provokation enorm angezogen fühlen - denn er weiß, er hat es mit einer Frau zu tun, die ihm Paroli bieten kann.

Denken Sie daran - um *Ihnen* in einer Beziehung ein gutes Selbstwertgefühl geben zu können, braucht *er selbst* ein gutes Selbstwertgefühl. Blender und Narzissten können Ihnen das nicht bieten.

Junge oder Mann?

Es ist wichtig, den Reifegrad eines Mannes zu erkennen, denn genau damit geht auch seine Fähigkeit einher, sich verbindlich an eine Frau binden zu *können*. An einen unreifen Mann, der sich aufgrund mangelnder persönlicher Reife nicht an eine Frau binden *kann*, sollten Sie weder Zeit noch Kraft verschwenden.

Das Problem dabei ist, dass viele Männer sich in beruflicher und finanzieller Hinsicht durchaus erfolgreich entwickelt haben können, charakterlich jedoch stehen Sie auf dem Stand eines Spät-pubertierenden.

Woran können Sie einen unreifen Mann erkennen?

Hier ein paar eindeutige Hinweise:

- Er geht bei zwischenmenschlichen Problemen grundsätzlich den Weg des geringsten Widerstandes. Er übernimmt keine Verantwortung, weder für sein eigenes Tun noch für die ihm nahestehenden Mitmenschen. Menschlichen Konflikten geht er prinzipiell aus dem Weg.

- Er ändert häufig seine Meinung über Menschen oder Dinge. An einem Tag ist er völlig begeistert von einer Sache, am anderen lässt sie ihn völlig kalt. Es gibt keine klar erkennbare Linie in seinen Vorlieben.

- Er erzählt viel darüber, welche Abenteuer er noch erleben will, wo er noch überall hinreisen möchte - *Sie* kommen in diesen Erzählungen allerdings nicht vor.

- Er hält sich nicht an Vereinbarungen. Er scheut jegliche Verpflichtung, er will sich generell auf nichts festlegen.

Mein Tipp:

Finden Sie schon in der Phase des Kennenlernens heraus, was ihm *wirklich* wichtig ist. Stellen Sie mit echter Neugier folgende Fragen:

„Was ist das Aufregendste, das dich am Leben fasziniert? Wovon träumst du? Was bedeutet Dir am meisten im Leben?"

Somit bekommt er die Chance, von sich zu erzählen - alleine durch die Tatsache, dass er in Ihnen eine neugierige Zuhörerin gefunden hat, der er sich präsentieren kann, fühlt er sich extrem zu Ihnen hingezogen. Gleichzeitig erhalten Sie die unbezahlbare Information, welche *Werte* für ihn im Leben wichtig sind.

Schauen Sie sich auch seine Freunde an und unterhalten Sie sich spielerisch mit ihnen. Achten Sie darauf, welche Werte unter seinen Freunden gelten. Wenn es seinen Freunden primär darum geht, wer unter ihnen die meisten Frauen herumbekommt, oder wer am meisten Alkohol verträgt, wissen Sie wahrscheinlich mehr über ihn, als er selbst.

Nicht umsonst gibt es das alte aber immer noch gültige Sprichwort:

„Zeige mir deine Freunde und ich sage dir, wer du bist"

Achten Sie darauf, wie er über andere Frauen spricht

Im Buch „Wie gewinne ich das Herz eines Mannes" haben Sie bereits die Technik des „aktiven Zuhörens" kennengelernt. Diese Technik ist deshalb so wichtig, weil Sie seine wahren Absichten erkennen und gleichzeitig enorm attraktiv auf Männer wirken. Zwei Fliegen mit einer Klappe!

Wenden Sie diese Technik an und achten Sie darauf, *wie er über andere Frauen spricht*. Über seine Ex-Frauen, über seine Kolleginnen, ja sogar über seine Mutter. Dadurch können Sie eine Menge über sein Frauenbild erfahren. Die generelle Einstellung, die ein Mann gegenüber Frauen hat, spricht Bände über ihn. Sagt er z.B., er wäre „immer nur ausgenutzt worden"? Oder erzählt er davon, wie viele Frauen er schon verführt hätte?
Vorsicht! Glauben Sie nicht, er würde Sie in einem vollkommen anderen Licht wahrnehmen als andere weibliche Wesen. Auch

wenn er sich gerade hoffnungslos in Ihre unwiderstehliche Art des Zuhörens verliebt.

Die wichtigste Information, die Sie mithilfe des „aktiven Zuhörens" über ihn erfahren, steckt in der Art und Weise, wie er über seine letzte Beziehung spricht. Hat er sie mittlerweile verarbeitet? Oder hängt er im Grunde noch an ihr? Sollte er über sie noch nicht hinweg sein, handelt es sich nämlich um einen ebenso ungesunden, nahezu hoffnungslosen Fall:

Der „Beziehungsgeschädigte"

Wenn ein Mann noch nicht über seine verflossene Liebe hinweg ist, können Sie relativ sicher sein, dass er Sie eher als Ablenkung, zum „Trost" benutzen will.
Keine sonderlich gute Grundlage für eine glückliche Beziehung.

Wie aber finden Sie heraus, ob er noch an seiner Ex hängt?

Achten Sie darauf, wie er über sie spricht. Früher oder später wird das Thema auf den Tisch kommen und dann sollten Sie die Ohren spitzen:

Spricht er betont *negativ* über sie, redet er davon, wie „gemein und verletzend" sie war, wie „sehr sie ihn getäuscht" hat, oder wie „wütend er noch auf sie ist"? Sollte er kein gutes Haar an ihr lassen, dann wissen Sie:
Er hat die Trennung mit ihr noch nicht verarbeitet. Achten Sie auf seine Mimik, während er von seiner Ex berichtet. Erkennen Sie Wut? Männer, die wütend über ihre vergangene Beziehung sind, haben diese noch nicht verarbeitet. Sie haben noch immer an ihren

inneren Wunden zu knabbern. Das hört sich vielleicht übertrieben pauschal an, ist aber die Wahrheit.

Ein Mann, der seine Ex noch nicht verarbeitet hat, sieht in einer neuen, weiblichen Bekanntschaft *immer* eine Art Trostpflaster, mit dessen Hilfe er über seine Ex hinwegkommen möchte.

An sich ist das nur allzu menschlich, allerdings können Sie sicher sein, dass seine Ex-Partnerin noch lange in seinem Kopf herumspuken wird. Er wird Sie noch jahrelang unbewusst mit ihr vergleichen. Sollte sie eines Tages wieder bei ihm auftauchen, dann müssen Sie damit rechnen, dass er sich schnurstracks wieder mit ihr zusammentut.

Sie sollten sich niemals auf die Rolle des Trostpflasters einlassen. Denken Sie daran - Sie sind kein „vorübergehender Ersatz", Sie sind sein persönlicher Hauptgewinn!
Sollten Sie feststellen, dass er noch zu sehr an seiner Ex hängt, sagen Sie mit einem bezaubernden Lächeln: „Du solltest erst einmal deine gescheiterten Beziehungen verarbeiten. Weißt du, ich bin keine Frau, die dir über deine Ex hinweghelfen will, dafür habe ich keine Zeit."

Das hört sich für manches Frauenohr vielleicht gemein und verletzend an, in Wahrheit drücken Sie damit aber aus, dass *Sie wissen, was Sie wollen.*

Glauben Sie mir, es gibt nichts Attraktiveres für einen Mann, als einer Frau zu begegnen, die ihn *durchschaut*. Einer Frau, die darüber hinaus *genau weiß, was sie will*.
Und vor allem *weiß, was sie nicht will*.

Sie können einen Mann regelrecht elektrisieren, indem Sie ihm genau das zu verstehen geben:

Ich weiß, was ich will.

Denn er sieht darin eine Frau, die sich über Dinge bewusst ist, die er selbst kaum wahrnimmt - obwohl sie offensichtlich sind. Einer solchen Frau begegnet man nur äußerst selten, das weiß er.

Und da Sie nun einen neuen, glühenden Bewunderer haben, können Sie sich alle Zeit der Welt nehmen und ihn *warten lassen*. Wenn er eines Tages dann über seine Ex in einem neutralen Zusammenhang spricht, und Ihnen gleichzeitig regelrecht hinterherläuft, dann wissen Sie:

Sie sind jetzt seine Nummer Eins.

Wenn er in Bezug auf seine Ex Dinge sagt wie: „Ach, eigentlich war sie lieb und auch hilfsbereit, aber wir haben einfach nicht zueinandergepasst", dann hat er sie überwunden. Er sollte mindestens ein bis zwei Vorzüge an ihr erwähnen, nur so können Sie sicher sein, dass er sie verarbeitet hat. Männer, die ihre Ex in manchen Bereichen in ein positives Licht rücken und davon ohne größere Gefühlsregung berichten, haben sie meist ohne größere seelische Blessuren überwunden. Kein Grund also, über die positiven Aussagen zu seiner Ex eifersüchtig zu sein! Im Gegenteil …

Achten Sie darauf, was er *tut* und nicht so sehr darauf, was er *sagt*

Sie und ich wissen: Männer können wahre Meister darin sein, die Wahrheit zu ihren eigenen Gunsten zu verdrehen. Sie mögen das als „Lügen" bezeichnen, wir Männer empfinden es eher als ein „Zurechtbiegen von Tatsachen". Das liegt daran, dass wir ein eher dynamisches Verhältnis zur Wahrheit haben und kein statisches, festgefahrenes. Wenn eine Situation, in der wir uns befinden, kein besonders strahlendes Licht auf uns wirft, dann sagen wir uns: „Nun, wozu haben die Menschen die Sprache erfunden? Ich *erzähle* einfach die Version der Geschichte, die mich besser aussehen lässt!" Das gibt uns die Möglichkeit, zumindest in unseren Erzählungen, der Held (oder auch Unschuldsengel) sein zu können, der wir gerne wären. Der erhoffte Effekt davon ist, dass sich unser Erfolg oder unsere Unschuld dadurch quasi „selbst herbei lügt".

Wir nehmen unseren noch nicht erreichten Erfolg vorweg, indem wir *so tun*, als hätten wir unsere Ziele schon längst erreicht. Das gelebte Gesetz der Anziehung sozusagen - viele Männer praktizieren es ahnungslos schon seit Menschengedenken.

Ich will hier nicht die notorischen Lügner in Schutz nehmen, sondern möchte Ihnen eine wichtige Sache klarmachen: Sie erkennen das, was sich im Herzen eines Mannes abspielt nicht daran, was er *erzählt*, sondern daran, was er *tut*.

Die Lügen eines Mannes spiegeln immer die Idealvorstellung dessen, wie er gerne *wäre*, wider. Zugegeben, das mag in einigen Situationen des Lebens absolut hilfreich für einen Mann sein, sich die Wahrheit zurechtzubiegen.
Wenn sich aber die Wahrheit in zu großem Widerspruch zu dem befindet, was er erzählt, dann wissen Sie:

Der Unterschied zwischen dem, was er sagt (also seinem Idealbild von sich) und dem was er tatsächlich tut, ist zu radikal.

Mit anderen Worten: Er ist nicht authentisch, er lebt nicht danach, was seiner tatsächlichen, *eigenen* Wahrheit entspricht.

Man kann es im Prinzip auf folgenden Nenner bringen: Je größer der Unterschied zwischen dem, was er sagt und dem, was er tut, umso größer sind die Probleme, die sich mit einem solchen Mann ergeben. Daher achten Sie von Anfang an darauf, ob er sich an Abmachungen und Verabredungen hält. Ob er zu dem steht, was er sagt. Ob das, was er sagt, übereinstimmt mit dem, was er tut. Ein unzuverlässiger Mann wird Ihnen auf Dauer mehr Ärger einbringen, als einer, der zu seinem Wort steht. Schauen Sie immer auf seine *Handlungen* und lassen Sie sich nicht von dem einlullen, was er Ihnen *erzählt*.

Sollte er Ihnen - gerade in beruflichen Angelegenheiten - immer mal eine „kleine Lüge" auftischen, die einen Zustand besser darstellt, als er eigentlich ist, dann spricht das für das oben beschriebene „Erfolgslügen". Nehmen Sie ihm das nicht allzu krumm, er tut das, weil er mithilfe dieser kleinen Selbsttäuschung weiter an sich glauben kann.

Fazit

Vielleicht habe ich Sie ein wenig irritiert mit all den „Warnschildern", die ich gerade aufgestellt habe. Nun, ich möchte hier keinen Teufel an die Wand malen, allerdings wissen wir alle, dass im Rausch des ersten Verliebtseins unsere Sinne meist völlig getrübt sind. Wir nehmen die negativen Eigenschaften der neuen Bekanntschaft einfach nicht wahr, obwohl sie uns eigentlich ins Gesicht springen. Stattdessen blenden wir sie aus und sehen alles nur noch im Schein der rosaroten Brille. Das böse Erwachen kommt dann erst Monate oder Jahre später, wenn wir wertvolle Jahre unserer Zeit mit dem falschen Partner vergeudet haben. Und genau das muss ja nicht sein, oder?

Sollten Sie mittlerweile festgestellt haben, dass Sie sich auf den Falschen eingelassen haben: Quälen Sie sich nicht unnötig mit der Hoffnung, dass er sich eines Tages ändern wird. Stattdessen sollten Sie vielleicht besser direkt zum folgenden Kapitel „Wie werde ich ihn wieder los?" übergehen. Eine Trennung kann manchmal der erste Schritt in ein glücklicheres Leben sein.

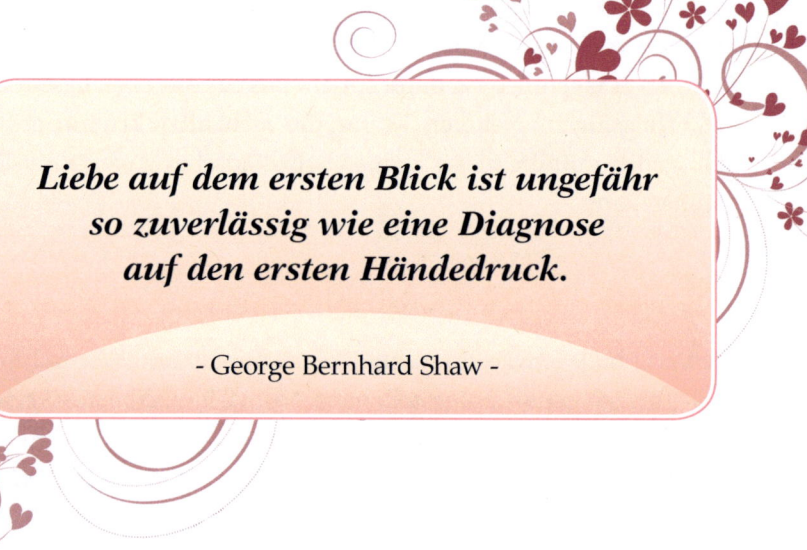

Liebe auf dem ersten Blick ist ungefähr so zuverlässig wie eine Diagnose auf den ersten Händedruck.

- George Bernhard Shaw -

Und zu guter Letzt: Wie werde ich ihn los?

Wie trenne ich mich am besten von einem Mann?
Und zwar ohne ihn zu verletzen?
Und OHNE dass er immer wieder bei mir ankriecht?

Es macht mir ganz schön zu schaffen, ihn so leiden zu sehen,
aber ich kann einfach nicht mehr mit ihm zusammen sein.

Was kann ich tun, um ihn möglichst schonend loszuwerden?

Nun, sich von seinem Partner trennen zu wollen, *ohne* ihn zu verletzen - das ist in etwa so realistisch wie schwimmen zu gehen, ohne dabei nass zu werden.

Sie werden Ihren Partner auf jeden Fall verletzen, die Frage ist nur: Wie können Sie ihn möglichst wenig verletzen, bzw. wie können Sie ihm helfen, sich möglichst schnell wieder zu erholen?

Nach einer intensiven Beziehung kann man sich oft nicht vorstellen, sich von dem ehemals geliebten Menschen ganz zu verabschieden, schon deshalb, weil er mehr über einen weiß als jeder andere. Man hat gemeinsame Erinnerungen, hat viel zusammen erlebt - man möchte diesen Menschen nicht einfach aus seinem Leben verbannen. In Kontakt zu bleiben funktioniert allerdings - zumindest in der Zeit direkt nach der Trennung - meist nur mit Komplikationen.

Gerade wenn der Partner noch etwas empfindet, ist das „Freunde bleiben" eher eine Qual für ihn, als eine Bereicherung. Dazu gesellt sich das Mitleid, das man für den Verlassenen hat. Für einen Mann eine grauenvolle Situation: Zum einen zum „platonischen Freund" herabgestuft zu werden, zum anderen mit dem Mitleid einer Frau belegt zu werden.

Nun ist guter Rat teuer - wie sollten Sie einen Mann am besten verlassen, sodass es für ihn und für Sie selbst am wenigsten Kummer bringt?

„Sollen wir Freunde bleiben?"

„Wollen wir den Kontakt weiterhin aufrechterhalten - vielleicht funktioniert es ja doch noch einmal?"

Es gibt etliche Untersuchungen und Studien zu diesem Thema - was ist die beste und „schonendste" Art und Weise, sich von seinem Partner zu trennen?

Die beste Trennungsstrategie: Der klare Schnitt

Paartherapeuten und Psychologen beobachten immer wieder, dass der sogenannte „klare Schnitt" der gesündeste ist, um sich von einem Partner zu trennen. Ich habe Männer (und auch Frauen) immer wieder sagen hören: „Im Endeffekt bin ich froh, dass sie mich von heute auf morgen abserviert hat. Sie sagte mir klipp und klar, dass sie keine Zukunft mit uns sieht, wir wären einfach zu verschieden. So sehr mich ihre Entscheidung schockte, so dankbar war ich ihr im Nachhinein über Ihre Offenheit. Sie zog sich nicht einfach nur zurück, sondern sprach das Unvermeidliche direkt aus. Danach bestand sie darauf, dass wir erst einmal für vier Monate keinen Kontakt mehr hatten. Es war schrecklich, aber nur so konnte ich mich frei von den Gedanken an sie machen. Alles andere hätte nur dazu geführt, dass ich mich mit falschen Hoffnungen gequält hätte. Dieser klare Schnitt hat mich frei für die Zukunft gemacht. Heute habe ich die Trennung vollends überwunden, nur deshalb macht es mir auch nichts aus, wenn wir uns ab und zu sehen. Es hat sich mittlerweile tatsächlich so etwas wie eine Freundschaft entwickeln können. Schließlich kennt man sich ja sehr gut. Aber dafür brauchten wir zuerst einmal den völligen Bruch."

Diese Methode mag brutal sein, aber sie funktioniert. Aus psychologischer Sicht ist dies die vernünftigste Art der Trennung, denn Sie konfrontieren Ihren Partner schlicht und einfach mit der ungeschönten Wahrheit.
Damit bewahren Sie sich seinen Respekt, denn Ehrlichkeit kann einem letztlich niemand übel nehmen - so schockierend diese Wahrheit zuerst auch sein mag.

Danach sollten Sie darauf bestehen, sich erst einmal aus dem Weg zu gehen. Beide Beteiligten benötigen eine Auszeit.

Wenn Sie Ihrem Ex-Partner die Möglichkeit geben, noch mit Ihnen befreundet zu sein, quälen Sie ihn damit nur unnötig. Gerade Frauen empfinden bei einer Trennung oft Mitleid oder auch diffuse Schuldgefühle. Sie fühlen sich weiterhin verantwortlich für das Wohl ihres Ex. Das mag zwar ein tugendhafter Charakterzug sein, aber ich rate Ihnen dringend, Ihrem Ex nach einer Trennung jeden Kontakt zu kündigen. Nicht aus Böswilligkeit, sondern um seinetwillen. Sie geben ihm damit die Chance, sich wesentlich schneller zu erholen, als wenn er sich weiterhin unnötige Hoffnungen macht.

Ein Mann, der in Liebeskummer und falschen Hoffnungen zergeht, weil er Sie noch immer regelmäßig zu sehen bekommt, ist viel ärmer dran, als einer der auf sich allein gestellt ist.

Sollten Sie also einen Mann verlassen, stellen Sie ihn so ehrlich und direkt wie möglich vor vollendete Tatsachen und stellen Sie sicher, dass Sie sich für mehrere Monate nicht mehr sehen. Nur so können Sie Ihr Mitleid und Ihre vermeintlichen Schuldgefühle verarbeiten und Ihr Ex ist keinen unnötigen Qualen ausgesetzt. Glauben Sie mir, das Schlimmste für einen Mann ist es, Monate - wenn nicht Jahre einer Frau hinterher zu trauern, von der er emotional nicht loskommt. Weil er ihr immer noch regelmäßig begegnet und sie auch noch Mitleid und Verständnis für ihn hat, aber eben kein wirkliches Interesse mehr.

Es ist besser für *beide*, sich für ein paar Monate nicht mehr zu sehen.

Sonst wird aus dem „Ende mit Schrecken" ganz schnell ein „Schrecken ohne Ende". Und das sollten Sie keinem von beiden antun. Ihrem Ex Partner nicht und auch sich selbst nicht.

Die alles entscheidende Frage
oder so etwas wie ein Nachwort

Würden Sie mit *sich selbst* gerne eine Beziehung führen?

Versuchen Sie einmal in sich zu gehen, und sich genau diese Frage zu stellen:
Wenn Sie ein anderer Mensch wären, würden Sie sich in Sie verlieben? In Ihre Art und Weise, wie Sie an Dinge herangehen, in Ihren Gang, in Ihren Körper …? Ihre Stimme, ja ganz einfach Ihre ganze Erscheinung?

Nein …? Oder nur vielleicht?

Nun, dann ist es jetzt allerhöchste Zeit, dass Sie damit beginnen, sich in sich selbst zu verlieben.

Die allermeisten Menschen halten solche Gedankengänge für Egoismus, für „Selbstverliebtheit". Und somit für etwas Negatives, Anrüchiges, etwas, das nicht gerade als erstrebenswert gilt. Im Gegenteil, unsere Kultur will uns permanent weismachen, dass es sich nicht „ziemt", in sich selbst verliebt zu sein.

„Sich selbst lieben? Das tun doch nur Egoisten."

Ist *das* vielleicht der Grund, dass unsere Gesellschaft - obwohl Sie materiell im Grunde rundum versorgt ist- zutiefst unglücklich ist? Schauen Sie sich die Gesichter der Menschen morgens in der U-Bahn an. Schlecht gelaunt ist gar kein Ausdruck dafür … Und das, obwohl wir zu den reichsten Nationen dieser Erde gehören.

Ich möchte Ihnen eine Sache ans Herz legen:

Wenn *Sie* sich nicht lieben können, wird es auch kein anderer wirklich tun. Zumindest machen Sie es ihm damit schwer.

Vergessen Sie diese Hintergedanken, die sich dabei vielleicht auftun mögen. Die sind Ihnen von irgendwem erzählt worden, der Sie möglichst klein halten will oder wollte. Ohne jetzt auf Ihren Eltern herumhacken zu wollen, aber das Erste, was wir Menschen zu hören bekommen, ist meistens:

„Setz Dich anständig hin.", „Gib Ruhe.", „Verhalte Dich lieber so und so."

Von den vielen Streitereien einmal abgesehen, die wir uns einhandeln, wenn wir einmal schlechte Noten nach Hause bringen. Oder am Ende doch ein ganz anderes Studienfach wählen, als Papa es sich für uns erhofft hat.

Das heißt, unsere kindlichen und jugendlichen Aktivitäten werden oft schon im Vorschulalter als „nicht anständig" oder „unartig" abgetan. Und zwar von jenen, denen wir die größte Achtung und den größten Respekt gegenüber haben, die „Götter" unserer Kindheit:

Unseren Eltern.

Wenn aber unsere Eltern schon sagen, irgendetwas würde nicht mit uns stimmen, weil wir uns „unangepasst" verhalten, was glauben Sie, was in unserem kleinen, unschuldigen Unterbewusstsein eingepflanzt wird – wie ein Computer-Virus, der unsere noch instabile Festplatte von Anfang an blockiert?

Richtig:

„Irgendetwas stimmt mit mir nicht."

Ich will jetzt gar nicht den „Sündenbock Eltern" herbeizitieren, ich will Sie auch nicht unnötig mit psychologischen Zusammenhängen quälen.

Allerdings kann ich Ihnen aus eigener Erfahrung sagen:

Wir alle haben einen Haufen falscher Programme in unserem Oberstübchen laufen. Diese Programme sagen uns mit leiser und fast unbemerkter Stimme:

„Eigentlich bist du nicht viel wert. Du hast es nicht verdient, geliebt zu werden."

Ich frage Sie:
Ist es da ein Wunder, dass man nicht geliebt wird? Oder eben nur eine Zeit lang, und dann, wenn man sich an die Zuneigung des anderen gewöhnt hat, wieder verlassen wird? Nur weil man mal etwas mehr nach des anderen Liebe giert? Sich nach ihm sehnt?

Und oft wird man genau DANN verlassen, wenn man es am nötigsten hat, richtig?

Leider ist es nun mal Tatsache, dass wir *nicht* dafür geliebt werden, wenn wir ständig nur die Erwartungen der anderen erfüllen. Dafür, wie anständig, hilfsbereit, oder aufopfernd wir sind.

Das ist das Erste und Wichtigste, das wir alle verstehen müssen.

Dieses Verhalten mag bei unseren Eltern oder im Vorschulalter funktioniert haben (wenn du brav und angepasst bist, bekommst du eine Belohnung - nämlich die, dass ich dir Liebe und Zuneigung schenke).

In Beziehungen und ganz allgemein in der Welt dort draußen funktioniert dieses Verhalten NICHT.

Ganz einfach deshalb, weil eine Beziehung nicht die Wiederholung der Kindheit ist. So sehr wir uns das auch wünschen mögen, und so sehr das tagtäglich in aller Öffentlichkeit zelebriert wird.

„Ach Hasi, du bist so ein Schnuckelputzi , ich habe dich so lieb."

Sie wissen, was ich meine …

Im Klartext heißt das:
Bei allen kindlichen Allüren, die natürlich auch zu einer Beziehung gehören - sonst wäre das alles nur halb so schön:

Verhalten Sie sich in einer Beziehung niemals so, wie Sie es als Kind „gelernt" haben.

Nämlich angepasst zu sein.

„Brav" und „Artig" zu sein. Es Ihrem Partner immer recht zu machen. „Die Erwartungen meines Partners möglichst zu erfüllen, sonst hat er mich nicht mehr lieb."

Das funktioniert nicht. Und so sehr man sich das vielleicht wünschen mag - es macht einen vor allem nicht glücklich.

Männer schätzen und lieben vor allem eine Eigenschaft an einer Frau:

Wenn Sie sich selbst liebt. Wenn Sie Ihren eigenen Kopf hat. Wenn Sie sich primär darum kümmert, dass es *ihr* gut geht - und zwar unabhängig von ihm und unabhängig von der Beziehung. Wenn sie ihren Fokus darauf legt, dass Sie selbst zufrieden und glücklich ist.

Sie sollten damit beginnen, sich Ihres eigenen Wertes bewusst zu werden, über die Schönheit und die weibliche Anmut, mit der Sie sich bewegen. Über den Charme und den Humor, den Sie haben. Über die kleinen, liebenswerten „Macken", die Sie mit Sicherheit auch haben. Das sind übrigens keine Macken, sondern das sind lediglich Unebenheiten in dem wunderschönen Diamanten, der Sie in Wirklichkeit sind.

Vergessen Sie niemals, dass Sie ein liebenswerter und einzigartiger Mensch sind. Denken Sie daran - *Sie* sind der Mensch, mit dem Sie Ihr gesamtes Leben verbringen, Tag und Nacht. Sie sollten diesen Menschen von ganzem Herzen *lieben*. Mitsamt seinen Fehlern und Unvollkommenheiten.

Sie werden sich wundern, wie sehr sich das Verhalten Männer Ihnen gegenüber ändern wird, wenn Sie ab sofort diesen einen Gedanken in Ihr Leben integrieren:

„Ich bin eine einzigartige und liebenswerte Frau"

Denn genau das sind Sie: Einzigartig und liebenswert.

Lieben Sie sich selbst, und behandeln Sie sich selbst liebevoll und mit Respekt.

Und zwar ab heute.

Und nun wünsche ich Ihnen und Ihrer jetzigen oder auch zukünftigen Beziehung von Herzen alles Gute.

Passen Sie auf sich auf und tun Sie alles dafür, glücklich zu sein!

Ihr Freund

Christian Sander

Christian Sander

> *Wenn ein Mensch weiß, wer er ist und wenn er über Selbstvertrauen und Selbstwertgefühl verfügt, hat er keine Angst, verlassen zu werden.*
>
> - John Bradshaw -

P.S. Wenn Sie mir Anregungen, Kritik, Lob oder Tadel persönlich übermitteln möchten, können Sie mir auch gerne eine Email schicken:
christian@christian-sander.net

Ich würde mich freuen, dort von Ihnen zu lesen!

Ich schaffe es leider aus Zeitgründen nicht, alle Mails zu beantworten, aber ich lese sie alle!

Ansonsten kann ich Ihnen meinen kostenlosen Newsletter sehr empfehlen. Ich schreibe Ihnen regelmäßig Emails zum Thema „Männer und Beziehungen". Sollten Sie noch keine Post von mir empfangen, tragen Sie sich doch einfach in das Formular auf **www.christian-sander.net** mit Ihrem Vornamen und Ihrer gültigen E-Mail-Adresse ein.

Ich schicke Ihnen dann völlig unverbindlich und kostenfrei regelmäßige Tipps und Ratschläge zum Thema.

Schlusswort - wie alles begann:

Durch meinen Job als Barkeeper, den ich während meines Studiums ausübte, hatte ich die Gelegenheit jeden Abend aufs Neue zu beobachten, wie sich Frauen und Männer untereinander verhielten.

Ich kam dadurch mit vielen Frauen an der Bar ins Gespräch und begann allmählich Ihr „Seelentröster" zu werden. Ich fing an, mir all die Liebesgeschichten aus Perspektive von Frauen anzuhören - die Sicht der Männer kenne ich nur zu gut, schließlich gehöre ich nun mal selbst dieser Spezies an. Auch privat, im Freundes- und Bekanntenkreis, hörte ich mir die Fragen und Probleme von Freundinnen an und half ihnen, das „starke Geschlecht" besser zu verstehen und das Verhalten der Männer richtig zu interpretieren.

Da ich feststellte, dass diese Hilfestellung sehr effektiv für Frauen war, fing ich an, diese Beratung professionell zu betreiben.

Ich konnte schon hunderten Frauen dabei helfen, was Männer dazu bringt, sich ernsthaft und vor allem auf Dauer in sie zu verlieben.

All diese Erfahrungen aus meinen Beratungen und meinen Erfahrungen mit Frauen und Beziehungen habe ich in einem umfassenden Leitfaden zusammengefasst, der den Grundstein und das Fundament meiner Arbeit darstellt:

„Wie gewinne ich das Herz eines Mannes?"

-Wie Sie den Richtigen dazu bringen, sich in Sie zu verlieben-

Praxishandbuch:

– **Seine Gefühle wecken**
– **Ihn emotional an sich binden**
– **seine Liebe herausfordern**
– **Ihn in einer glücklichen Beziehung festhalten**

Eine Reise in die Psyche und das Herz der Männer.

Auf 226 Seiten erkläre ich Ihnen Schritt für Schritt alle Details, die Sie wissen müssen, wenn Sie die ernsthaften Gefühle eines Mannes wecken möchten.

Ich begleite Sie durch die „verwirrende" Welt der Männer und zeige Ihnen, wie Sie das Herz eines Mannes für sich gewinnen und ihn auf der emotionalen Ebene ansprechen.

Sie erfahren Dinge, die Sie in dieser Form noch nie gehört oder gelesen haben. Ich zeige Ihnen, wie Sie die Welt der Männer verstehen können und wie Sie das Herz eines Mannes erobern und ihn für immer an sich binden können.

Mehr Informationen erhalten Sie auf meiner Internetseite
www.christian-sander.net

Das Buch „Wie gewinne ich das Herz eines Mannes?" ist ebenfalls in allen Buchhandlungen und bekannten Onlinebuchhandlungen zu finden: **ISBN 978-3-03799-000-1**

KOSTENLOS für Sie zum Download:

Unter folgendem Link im Internet gelangen Sie zum Sofortdownload des Bonus-Reports:

Ihr persönlicher Downloadlink lautet

www.christian-sander.net/bonusreport

„Wo finde ich den Richtigen?"

- Die besten Orte und Möglichkeiten, um Ihrem Mr. Right zu begegnen -

Orte und Möglichkeiten, bei denen nachweislich schon etliche Frauen ihren persönlichen Traummann gefunden haben.

Zusammen mit meinem Team, habe ich mir überlegt, welches die besten Orte und Möglichkeiten sind, um Männer kennenzulernen. Männer, die vor allem noch zu haben sind. Wie Sie vielleicht schon enttäuscht feststellen mussten, sind vernünftige Männer, die darüber hinaus auch noch nicht vergeben sind, eher eine Seltenheit. Aber wo halten sich die richtigen Männer auf?

Ein weibliches Mitglied meines Teams hat einen Report geschrieben, der Ihnen genau diese Orte verrät.

Unter folgendem Link im Internet gelangen Sie zum Sofortdownload des Bonus-Reports:

Ihr persönlicher Downloadlink lautet

www.christian-sander.net/bonusreport